佛教律法的禁忌研究

A RESEARCH ON THE TABOOS IN VINAYA

陆新蕾 著

宗教文化出版社

图书在版编目（CIP）数据

佛教律法的禁忌研究 / 陆新蕾著 . -- 北京 : 宗教文化出版社 , 2020.9

ISBN 978-7-5188-0952-3

Ⅰ . ①佛… Ⅱ . ①陆… Ⅲ . ①佛教—戒律—研究 Ⅳ . ① B94

中国版本图书馆 CIP 数据核字 (2020) 第 169820 号

佛教律法的禁忌研究

陆新蕾 著

出版发行：宗教文化出版社

地　　址：北京市西城区后海北沿44号（100009）

电　　话：64095215（发行部）　 64095265（编辑部）

责任编辑：王志宏

版式设计：贺　兵

印　　刷：北京信彩瑞禾印刷厂

版权专有　　侵权必究

版本记录：880×1230毫米　32开　7.5印张　200千字
　　　　　 2020年11月第1版　 2020年11月第1次印刷

书　　号：ISBN 978-7-5188-0952-3

定　　价：58.00元

前　言

　　了解人类社会离不开对宗教的解读，研究宗教离不开对其历史的追溯。不论是神圣经典中的文本，还是日常生活中的实践，除了资料的梳理，要想追踪特定的宗教观念或行为，就必须把它们置于具体的历史脉络中并考察其与所在时代的互动。思考佛教议题，也必须将它们放在东西方宗教差异的图谱上来考量。

　　中国本土的宗教和信仰特别突出人的主观能动性。对儒家而言，人生的终极目的是成为或趋近圣贤；道教有着庞大而复杂的神仙体系，但成仙或"真人"才是道教徒的修行目标。不论儒家还是道教，信仰上的超越皆发生于此岸的世间，终极目标的实现都依靠个人的努力。巧合的是，公元前5世纪在恒河中下游兴起的佛教，教主释迦牟尼如同孔子一般，作为一名导师教授大众如何凭借自身的精进修行更好地度过此生。虽然追求出世间解脱的佛教带有浓厚的彼岸性质，但实现这一目标的途径唯有个人的努力。至于每个人所造之业，那是自作自受，因果不爽，身为导师的佛陀也无能为力。

佛教东渐后被中国的知识精英所接受，且最终发展为中国主流文化的一部分并非偶然。从女娲补天、精卫填海到愚公移山、大禹治水，中国神话在描述华夏先民与大自然的斗争时总是突出人的勤劳、勇敢与奋斗精神。儒释道为代表的东方宗教/信仰强调人的能动性，教主、导师们只是阐释了他们所发现的"真理"，个人持之以恒的努力（修行）才是达成终极目标最核心的因素。因此，我称儒释道为人本主义的宗教/信仰。与之相对的是西方兴起于地中海东岸的一神教，相较于个人能动性，对于全知全能全善之神的信仰才是最根本的，因为神代表了"绝对真理"，我称之为神本主义宗教。

人本主义和神本主义，两者皆不否认神的存在，但对于人神关系的看法大不相同。在神本主义的一神教语境下，人和唯一真神的关系类似于羔羊与牧羊人、奴仆与主人。儒家将死亡与神的议题悬置，未知生焉知死，对鬼神敬而远之；道教的神较为世俗和民间信仰化；对于佛教而言，神和人一样，只是六道轮回中的众生，并且从修行的角度而言，人间要远胜于天界，所谓"佛世尊皆出人间，非由天而得也"。也就是说，当西方一神教将唯一的神推向高高在上的绝对真理时，东方的儒家对神敬而远之，道教认为人可以成为神，佛教从修行的角度把神降到人之下。中国民间信仰里等级不高的神甚至在不履行其应尽义务时，很可能会遭受"虐待"：在许多地方，龙王如果长期不应验百姓所求的降雨，其塑像就会被抬到空地上曝晒，老百姓认为等龙王晒得自己都受不了了，就会普降甘霖；又如过去茶馆里供奉的茶神，在生意不好时，等待他的将是开水烫头。这样一种与神相处的方式，与儒释道关于神的态度是互相影响的。

　　佛教最早是恒河中下游沙门思潮的一支，它从一开始就是作为婆罗门教的反对力量而出现的。相较于东方儒道的世间超越，佛教强调彼岸解脱；相对于西方一神教和婆罗门教的神本主义，佛教极大地贬斥了神的地位和力量并强调个人的努力和能动性。当然，佛教上述独一无二的特征也随着时代变迁而不断变化。释迦牟尼圆寂后，印度佛教逐渐发展出智慧解脱和信仰解脱两条路径，后者越来越突出神的重要性。从中国禅宗和净土宗的实践中，依然能看到两条路径的痕迹，但彼此并不矛盾，一个人可以同时依照两条路径来修行，所谓禅净双修。一路走来，同世界上任何一个信仰体系一样，佛教在两千年的时间跨度里，各方面都有着非常显著的变化。以上是我们在考察佛教律法禁忌之前，需要了解的一个背景。

　　宗教禁忌的形式多种多样。即使是同一种宗教，对于不同的派系甚至同一派系的不同地域或不同阶层的信奉者，各自的禁忌传统也不可能完全相同。这些禁忌中最稳定、最强势的往往是那些记录在公认权威文本中的内容。佛教典籍，特别是律典，就是这样一种记录佛教禁忌的权威文本。因此，讨论佛教禁忌，就必须对记载佛教禁忌的核心文本——戒律——进行深入的了解。

佛教三藏典籍包括经、律、论三大体系，三者的特点各不相同。经藏的行文相对通俗易懂，侧重考虑在大众中的传播效果；律藏文风朴实直白，记述了大量历史事件；论藏是对经律中所含议题的专业讨论，逻辑性、学术性较强。

三藏典籍中就佛教徒须遵循的宗教戒律有着清晰而明确的规定，其内容涉及日常生活的方方面面。律法既是维持佛教僧团的核心力量，又是佛教徒修行的核心内容。记录佛教律法的文本称为波罗提木叉，其第一层意思是防非止恶，引导善行，是修行的基础；第二层意思是分别讲演、阐释戒条。波罗提木叉被律法的编纂者视为"无等学""一切世间学"之最，他们认为，只有佛出世才使众生有可能学习此法，出家为比丘比丘尼的殊胜性，通过波罗提木叉的殊胜而体现。

本书从佛教修行的视角出发，对佛教典籍中有关"性"（包括 sex、gender 和 sexuality 三个层面）与饮食禁戒的文本进行了系统的梳理，并结合历史学和性别研究的视野，对文本展开进一步的阐释。

佛教的戒律并非为戒而戒，戒定慧三学中，戒是基础，唯有如法持戒，按次第不断攀升，才能最终证得圆满的般若智慧。以戒律为基础而延伸出的佛教禁忌，较少带有宗教神圣性的色彩，其初始目的多是为了促进宗教的修为，是日常生活与修行的指导方针。这是本书在考察佛教禁忌时自始至终的一个观察点。书中第二章的第二、第三、第四节曾合为一篇以《再论"十事非法"与印度佛教的第二次结集》为题发表于《文汇学人》第288期；第九章曾以《汉传佛教典籍中的饮食禁忌》为题发表于《文汇学人》第222期。两篇文章在收录时都做了一定的修改。

本书的写作和出版离不开许多人的帮助与鼓励。感谢华东政法大学科研处对本书出版的资助；感谢复旦大学哲学学院刘宇光教授在学术上的专业指点；感谢宗教文化出版社王志宏老师为本书出版所做的努力；感谢华东政法大学传播学院为专业教师创造的良好学术条件，让我们能专注于各自领域的研究。

2020年3月

目　录

第一章　绪论

一、研究目的与缘起

本研究从佛教修行的视角出发，对佛教典籍中有关"性"（包括 sex、gender 和 sexuality 三个层面）与饮食之禁戒的文本进行系统的梳理，并运用人类学、社会性别研究的相关理论，结合历史学和文化研究的视野，对文本展开进一步的阐释。

为何选择"性"与饮食这两个议题？

佛典中提到的禁忌涉及僧团与在家众日常生活的方方面面，之所以选择"性"与饮食两个领域进行研究是因为：一方面，它们是人类生存的最基本形式或条件，所谓"食色性也"；另一方面，在一些佛教典籍中，它们又被视为烦恼的根本起因。《圣经·旧约·创世记》中人类始祖亚当、夏娃被赶出伊甸园始于偷食禁果。在贪食导致堕落的问题上，东西方宗教有异曲同工之处。《长阿含经·世记经》的"世本缘品"被视为佛教的"创世说"，其文本中提到光音天人来到世间，因贪食地味导致形体粗陋、形成男女之别，从而出现了淫欲与不净行，进而导致了其他烦恼的升起①。因此，《成实论》云："贪着饮食故生淫欲，从淫欲故生余烦恼。"从贪食到众生生起一切苦，淫欲成为此逻辑链条中的一个关键环节②。在《阿含经》中，佛陀还常以贪食为譬喻，说明人类对于欲望的执著。

限于个人知识结构，本研究主要聚焦于部派佛教和早期大乘佛教的典籍，而较少涉及后期即密乘佛教的相关内容。

二、相关研究情况

佛教关于"性"与饮食的禁戒散见于三藏典籍各处，而以律藏为相对集中。关于佛教戒律的研究已有不少成果，就专著而言，有日本学者平川彰的《律藏的研究》和《比丘尼律的研究》等、印顺法师的《戒律学论集》、圣严法师的《戒律学纲要》、劳政武的《佛教戒律学》、严耀中的《佛教戒律与中国社会》等。现有的专著与论文绝大多数从戒律本身的建制、规则或戒律中体现的僧团与国家社会的互动角度进行阐释。此外，还有由戒律与修行视角切入的研究，如释惠敏法师的《戒律与禅法》，以佛教修行的角度阐释外在行为（戒律）与内心情绪（禅法）之间的关系③。霍尔特（John Clifford Holt）强调，佛教戒律本身就是佛法的实践工具，如法的

---

① 《长阿含经》卷二十二，CBETA，T01，no.0001，p. 0145a06—p. 0145a28。
② 《成实论》卷十四，CBETA，T32，no.1646，p. 0348c22。
③ 释惠敏：《戒律与禅法》，台北：大乘文化出版社2003年版。

行为本身反映了一种平静、出离的精神状态[①]。本研究则基于历史学和文化研究的视野，对佛教典籍中有关性/性别与饮食的议题进行探讨。

学界对于佛教饮食禁忌方面的讨论较少，但有关佛教内部性别（gender）与性存在（sexuality）的话题近三十年来成果不断涌现。李玉珍指出，女性主义为佛教研究提供了三方面的新视野："象征符号的性别意涵""制度化的角色"以及宗教与女性的互动交涉[②]，她对北美相关的英语文献以及中国台湾学界的中文文献都有较系统的梳理[③]。张文学则从佛教的女性观与佛教女性主体两个方面，对中国大陆的佛教女性研究进行了系统综述[④]。笔者在此基础上再做补充性的梳理。

佛教的平等理想与历史实践中的男性中心主义之间的差异最早地被关注女性主义的佛教学者所讨论。20世纪70年代末，保罗（Diana Paul）在其开创性的著作《佛教中的妇女：大乘传统中的女性形象》中，通过比较大乘典籍中性别刻板印象与宗教观点之间的

---

① John Clifford Holt（1981）. *Discipline, the canonical Buddhism of the Vinayapiṭaka*. Delhi: Motilal Banarsidass.

② 李玉珍：《比丘尼研究：佛教与性别研究的交涉》，《法光杂志》2002年1月，第148期。

③ 李玉珍：《佛教的女性，女性的佛教：比较近二十年来中英文的佛教妇女研究》，"人间佛教与当代对话：第三届印顺导师思想之理论与实践学术研讨会"，台湾大学文学院佛学研究中心，2003年台北市。

④ 张文学：《中国大陆佛教女性研究述评》，《妇女研究论丛》2009年第6期。

互动，展现了佛教关于女性形象的描述与其宗教理想之间的张力①。与此类似，高斯（Rita Gross）通过历史与现实的比较，强调佛陀的核心教义是促进性别平等的，而历史中的性别实践却总是以男性为主导②。恩格尔马杰（Pascale Engelmajer）沿着保罗的思路，利用巴利文经典，对南传佛教关于女性的多样而矛盾的态度及其背后的社会建构进行了深入的分析③。

随着研究的精细化，学界进一步对不同时期、地区或部派的佛教典籍中的女性议题进行了考察。肖（Miranda Shaw）将社会性别的概念引入对佛教密乘的研究中，认为女性实践者对密乘的发展有重要影响，特别是在性别关系与性存在观念的形成方面④。芬尼根（Damchö Diana Finnegan）在其博士论文中，通过对《根本说一切有部毗奈耶》的解读，检视了文本叙事中所反映的社会性别化的伦理建构⑤。一般认为，女性歧视在日本佛教中特别严重，通过日本佛

---

① Diana Y. Paul（1979）. *Women in Buddhism: Images of the Feminine in Mahāyāna Tradition*. Berkeley: Asian Humanities Press.

② Rita M. Gross（1993）. *Buddhism after Patriarchy: A Feminist History, Analysis, and Reconstruction of Buddhism*. Albany: State University of New York Press.

③ Pascale Engelmajer（2015）. *Women in Pāli Buddhism: Walking the Spiritual Paths in Mutual Dependence*. New York: Routledge.

④ Miranda Shaw（1994）. *Passionate Enlightenment: Women in Tantric Buddhism*. Princeton: Princeton University Press.

⑤ Damchö Diana Finnegan（2009）. *For the Sake of Women, too: Ethics and Gender in the Narratives of the MŪLASARVĀSTIVĀDA VINAYA*. PhD Dissertation, University of Wisconsin–Madison.

教徒所撰写文本的考察，亚纳维拉（Dharmacari Jñaanavira）认为，与其说这种歧视是建基于女性在宗教实践上的困难，不如说是男人的困惑特别是在其与女性的关系方面之困惑的表征①。

历史上，原始佛教、部派佛教、大乘佛教及密乘佛教的女性观处于不断的演化过程中；就当代现状而言，南传佛教、汉传佛教与藏传佛教在实践中对于女性的态度也有显著差异。哈维（Peter Harvey）在其佛教与伦理的专著中，有专门一章从历史与现状的角度整体地讨论了佛教的女性观。他认为，总体而言，在不同时期和不同社会中，佛教有助于缓和女性的不平等地位②。

值得注意的是，福尔（Bernard Faure）挑战了认为从小乘到大乘，佛教的女性观从压迫到解放的线性描述。以日本佛教为例，他指出，父权制始终是佛教内部的性别现实，但女性自身的能动性展现出其不仅仅是被动的受压迫者。福尔的研究打破了女性在佛教传统中铁板一块或线性进步的传统观点，展现了该议题在历史实践中的复杂性③。

除了社会性别（gender），学界对于佛教中"性存在（sexuality）"

---

① Dharmacari Jñaanavira（2004）. "A Mirror for Women? Reflections of the Feminine in Japanese Buddhism". *Western Buddhist Review*, Vol 4. 2016/3/26, http://www.westernbud-dhistreview.com/vol4/index.html

② Peter Harvey（2000）. *An Introduction to Buddhist Ethics: Foundations, Values and Issues*. New York: Cambridge University Press.

③ Bernard Faure（2003）. *The Power of Denial: Buddhism, Purity, and Gender*. Princeton: Princeton University Press.

的议题也多有讨论，相比佛教女性研究的兴盛，佛教中的男性气质是一个很少受到关注的话题，虽然后者在西方学界已有丰富的探讨。鲍尔斯（John Powers）运用当代身体与性的研究视角来解读佛教中的男性气质以及在古印度观念里，外表的身体美观与内心的精神完美之间的关系[1]。克拉克（Shayne Clarke）详细考察了律典中有关"性"的禁忌，包括相关的波罗夷罪及其挽回的方法，并强调，这方面的研究需要参考巴利文之外其他语言的律典，才能对印度佛教徒的僧团生活有更细致的了解[2]。台湾学者杨惠南曾梳理了律典中关于"黄门"的相关论述，并探讨了"同志"群体在传统佛教中的地位极其当代转型的可能性[3]。

佛教"性存在（sexuality）"研究的集大成者是福尔（Bernard Faure）。在《红丝线》一书中，除了传统的文本解读之外，他还引入了文化人类学的研究方法并参考了诸如福柯等西方研究"性存在（sexuality）"的著名思想家的成果，揭示了历史上戒律规范教导与部分佛教徒实践的不一致，其中还包括了寺院中存在的同志实践[4]。

---

① John Powers（2009）. *A Bull of a Man: Images of Masculinity, Sex and the Body in Indian Buddhism*. Cambridge: Harvard University Press.

② Shayne Clarke（2009）. "Monks Who Have Sex: Pārājika Penance in Indian Buddhist Monasticisms", *Journal of Indian Philosophy*. 37: pp.1–43.

③ 杨惠南：《"黄门"或"不能男"在律典中的种种问题》，《佛学研究中心学报》（中国台湾）2002年第7期。

④ Bernard Faure（1998）. *The Red Thread: Buddhist Approaches to Sexuality*. Princeton: Princeton University Press.

福尔认为，传统佛教对同志一定程度的宽容来自于一种实用主义的考虑而非开放的心态，即在戒律的实践中，异性之间的吸引相比同性是个更大的问题[①]。

学界的现有成果为本人的进一步研究提供了宝贵的思路。

三、主要内容

本研究将从以下几个方面对以性与饮食为主题的佛教律法禁忌进行研究。每一部分所述的内容有些可以对应具体的章节，有些是穿插于正文之中，未必与具体的章节一一对应。

1. 宗教禁忌的相关研究

弗洛伊德（Sigmund Freud）对传统社会中的禁忌与宗教戒律进行了区分。他指出，前者并不建立在宗教仪式的神圣性之上，禁忌规定的理由与起源也十分模糊，它是比神的信仰更古老的人类社会的"不成文法"[②]。然而，宗教禁戒的起源及其背后的逻辑与原始禁忌的生成紧密相关。通过研究古代信仰与巫术，弗雷泽（J.G. Frazer）将禁忌分为"行为的""与特定人群相关的""物的"和"名字的"等四种形式[③]，但四个领域的相互重迭显然不利于对禁忌对象的整体探讨。与此不同，涂尔干（Emile Durkheim）则认为，禁忌

---

①   Bernard Faure（2000）. *Unmasking Buddhism. Malden*: Wiley-Blackwell, p. 103.

②   Sigmund Freud（1919）. *Totem and Taboo*. New York: Moffat, p. 31.

③   ［英］J.G.弗雷泽：《金枝》，汪培基译，北京：商务印书馆2013年版。

就是一种与行为密切相关的制度。玛丽·道格拉斯沿着涂尔干的思路，从日常生活中抽离出人们对于洁净与肮脏区隔的观念，进一步强调了社会建制与精神信仰的密切关联[①]。人类学已有的宗教禁忌研究将为本文提供丰厚的理论支持。

2. 佛教禁忌的基本特征

佛教戒律是在释迦牟尼带领僧团的修行生活中逐步摸索出的一系列规定，规制的形成多遵循随犯而制的原则，是在实践中不断添加、并逐步严格化的。由于佛教戒律中有"随方毗尼"之说，如佛陀所言，"虽是我所制，而于余方不以为清净者，皆不应用；虽非我所制，而于余方必应行者，皆不得不行"[②]，因此，为佛教戒律的删改留下了很大的空间。该部分主要考察的是以戒律为核心的佛教禁戒的基本特点。

3. 关于"性（sex）"的禁忌

笔者首先对"淫/婬"的含义进行界定。在汉文典籍中，"淫"既有"性"（sex）的意思，又可以指"贪"，但"众生皆贪染心故而受淫欲"[③]，所以"淫"与"贪"也不是截然分开的。

在家弟子的性禁忌主要以"五戒"中的"不邪淫"为探讨对象。

---

①   Mary Douglas（1966）. *Purity and Danger: An Analysis of Concepts of Pollution and Taboo*. New York: Frederich A. Praeger, pp. 53–57.

②   《五分律》卷二十二，CBETA，T22，no.1421，p. 0153a14。

③   《成实论》卷七，CBETA，T32，no.1646，p. 0292a01。

出家众的性禁忌的探讨以律典、部派论典和大乘经典为核心文献，包括考察戒律中对于"淫"的规定，特别是四波罗夷和十三僧残法中，有关"性"的禁戒就占了5条。

关于断除淫欲的修行方法，佛教提供了智慧与信仰两条道路。《阿含经》中，通过观察和了知淫欲之危害来逐步有次第地消除淫欲的方法，在大乘经里发展为般若智慧的一分，所谓"菩萨摩诃萨欲除贪淫瞋恚愚痴，当学般若波罗蜜"①。《大智度论》中，教人通过谛观心的刹那生灭而相续，知心无常，无我，了知并没有真正从淫欲等放纵行为中受乐的自在主体，从而在知见上断除淫欲②。佛教对治淫欲烦恼的特别修行法门是"不净观"。从信仰入手的修行方法，如《法华经》言，"观世音菩萨摩诃萨，威神之力巍巍如是。若有众生多于淫欲，常念恭敬观世音菩萨，便得离欲"③。除了上述两种路径，《大智度论》还提到了"能断除种种烦恼及先世罪"的念佛三昧④，即通过禅定来实现淫欲的断除。

4.佛典中的"女身"

有学者指出，早期佛教的女性观是解脱上的男女平等、制度上的男性优越和修行上的女性厌恶。历史上的佛教僧团以男性为主，

---

① 《光赞经》卷三，CBETA，T08，no.0222，p. 0165a20。
② 《大智度论》卷四十八，CBETA，T25，no.1509，p. 0405a29。
③ 《法华经》卷七，CBETA，T09，no.0262，p. 0056c29。
④ 《大智度论》卷七，CBETA，T25，no.1509，p. 0109a06。

对多数男性而言，女性是其淫欲的对象，因此，佛教典籍中有许多"淫女"的记载。女性的形象在不同时期、不同部派的佛教典籍中是不太一致的，这种不一致既有历史时期男权社会对于女性的偏见，也有因机说法场合的不同，还有佛教教理自身特点的影响。

不同时期佛教女性观念的一个共同特点是，虽然历史形成的经典无法摆脱男尊女卑的传统观念，但往往为佛教修行上的男女平等打开了通路，即不论生理性别如何，只要能够了知佛法并如法修行的，即使是女人身，也等同于佛法殊胜意义上的"大丈夫"。

该部分的研究主要包括女性修行问题上与男性的差异、出家众中比丘与比丘尼之间的差别、作为男子修行障碍的女性形象以及阿含经、部派论典与大乘经典中关于女性观点的差异。

5.黄门在佛教中的地位

黄门是佛经中经常出现的一类特殊人群，主要指失去性能力或生殖器有损伤的男性（也有黄门女），又称为不能男、扇搋、半择迦。不同历史时期、不同派别对黄门的看法并不一致，但依照佛教典籍，总体而言，黄门即使不算罪恶，对于僧团而言也是一种需要保持距离的对象，对黄门的特殊化是显而易见的。广律里甚至规定，黄门不得受具足戒出家。

之所以黄门的地位比女性还低，依照当代的性别理论，在于其非男非女的存在打破了男女两种性别之间清晰的边界，而大多数造成边界模糊的事物似乎都为古代主流文化所厌恶。需要指出的是，关于黄门是否能够加入僧团或三皈依而成为优婆塞的讨论重点，不在于确认皈依者是否是今天意义上的所谓异性恋男性，也不是考察其爱慕对象是男人还是女人，而仅仅是字面意义上的"男根具足"，即是否具有男性的性生理能力。用现代社会的同性恋标签来直接对照佛经中的"黄门"概念是不恰当的。

因此，该部分探讨的是黄门在佛教中的地位以及佛教针对黄门的种种规定的缘起，并进一步分析黄门这一概念与当代同性恋、变性人等群体的关系。

6.佛教典籍中的饮食禁忌

大多数宗教典籍都会涉及一些饮食方面的禁忌，譬如《圣经·旧约·利未记》中对可食用与不可食用动物的复杂划分，《古兰经》中反复提到禁止食用自死动物、血液和猪肉。

关于佛教信徒的饮食禁忌，南传、汉传与藏传三地在实践中并不统一，除了各地自然与社会环境的差异，也涉及不同时期、不同部派的典籍对于食物禁忌的不同规定。例如，不同派别的佛教团体在禁酒议题上高度一致，但对待食肉和五辛却立场不同。早期佛教与部派佛教有关食物的禁忌相对集中地载于四律五论中，而大乘佛教的论述往往散见于不同大乘经典中。

本研究主要从食物的种类（对于酒、肉、五辛等的相关规定）、食用方式、禁忌的适用人群、禁忌的适用场合等方面探讨佛教中的饮食禁忌及其背后的宗教逻辑。

其次，在《阿含经》中，佛陀常以贪食为譬喻来说明人类对欲望的执着，如《中阿含经·猎师经》中佛陀以四群鹿来譬喻四种比丘。此外，佛典的"创始说"中特别强调了贪着饮食是一切烦恼与堕落的起因。但是，佛陀反对禁食这种外道的苦行方法，而是教导大众通过修行实践以达到"以此而食，不为贪食苦之所恼"的境界。因此，该部分还要考察佛典中关于贪食议题的讨论。

7. 与其他社会、宗教禁忌的比较研究

该部分研究分散于正文各章节中，主要包含古代印度社会的一般民间禁忌、婆罗门教和耆那教等其他宗教团体的禁忌与佛教禁戒的比较，也涉及与人类学中已有禁忌研究的对话。

在探讨禁忌的发生学时涂尔干指出，人们信仰中关于神圣与凡俗之间观念上的对抗，"自然而然地导致了与之相应的事物之间的对抗与排斥"，是为禁忌的原则。在现实中将神圣与凡俗分离的是一整套由禁忌形式构成的（消极）膜拜仪式。通过约束与控制，人们摆脱凡俗的功用，与神圣建立起更紧密的关系。消极膜拜（禁忌）于是成为了积极膜拜的条件，在涂尔干看来，系统的苦行主义亦是从前者发展而来①。玛丽·道格拉斯在考察了圣经中关于洁净的与可憎的动物的区分后指出，在圣经中，食物与神圣是高度相关的，上帝是圣洁的，因此信徒也要圣洁，所以就不能食用不圣洁的食物，

---

① ［法］爱弥尔·涂尔干：《宗教生活的基本形式》，渠东、汲喆译，上海：上海人民出版社2006年版，第285–294页。

这事关教徒自身的圣洁性以及是否能得到上帝的祝福①。

　　上述学者的思考为本人研究佛教禁忌提供了宝贵的思路。然而，与他们从"区隔"（separate）的概念出发来论述禁忌不同，笔者认为佛教中有关行为的各种禁忌之起源多与修行的实践相关，圣–俗之间的区隔功能处于次要位置。如果说西方一神教的禁忌事关神圣与区隔，佛教关于禁戒的规定则较少带有宗教神圣性的色彩，与其说它是一些强制性规定，不如将其视为生活与修行的指导方针。因为它关系到佛教徒自身日常生活的顺利以及后世不受恶报，更重要的是它还事关能否成功地通过宗教修行以达到解脱生死、出离三界的最终目的。

四、研究方法

　　本研究立足于佛教修行实践，借鉴历史学与文化研究的视野，对相关文献进行内容梳理与文本分析。在具体阐释与解读的过程中，吸收社会性别理论的现有成果，并与人类学关于禁忌的研究有所对照，最后结合佛教流传地区的其他社会、宗教禁忌来展开比较研究。

　　研究所依托的核心文献是汉传大藏经与南传大藏经中涉及性与饮食禁忌的文本。三藏典籍主要依靠的是"中华电子佛典协会"

---

①　Mary Douglas（1966）. *Purity and Danger: An Analysis of Concepts of Pollution and Taboo*. New York: Frederich A. Praeger, pp. 53–57.

（Chinese Buddhist Electronic Text Association， 简 称CBETA）2014年版的电子佛典。由于三藏佛典浩如烟海无法穷尽，因此，鉴于时间与经历，本研究不可能涉及所有的佛教典籍，而是以常用或重要典籍为核心，具体主要包括：《阿毗达磨俱舍论》《阿毗达磨大毗婆沙论》《禅秘要法经》《成实论》《大爱道比丘尼经》《大般涅槃经》《大般若波罗蜜多经》《大宝积经》《大法鼓经》《大佛顶如来密因修证了义诸菩萨万行首楞严经》《大毗卢遮那成佛神变加持经》《大智度论》《道行般若经》《翻译名义集》《梵网经》《佛说宝如来三昧经》《佛说超日明三昧经》《佛说大乘造像功德经》《佛说大方广善巧方便经》《佛说骂意经》《佛说优婆塞五戒相经》《佛说罪业应报教化地狱经》《根本萨婆多部律摄》《根本说一切有部毗奈耶》《光赞经》《解脱道论》《金光明经》《妙法莲华经》《摩诃僧祇律》《毗奈耶》《毗尼母经》《萨婆多毗尼毗婆沙》《善见律毗婆沙》《舍利弗阿毗昙论》《舍利弗问经》《施设论》《十诵律》《十住毗婆沙论》《四分比丘戒本疏》《四分律》《四分律行事钞资持记》《四分律删补随机羯磨疏济缘记》《四分律删繁补阙行事钞》《铜鍱律》《陀罗尼集经》《维摩诘所说经》《无极宝三昧经》《五分律》《优婆离问佛经》《优婆塞戒经》《瑜伽师地论》《正法念处经》《中论》《坐禅三昧经》《阿含经》（汉传四部、南传《长部》《中部》《相应部》《增支部》）《岛王统史》等。

第二章　戒经与律论：
佛教禁忌的核心文本

宗教禁忌的形式多种多样。即使是同一种宗教，不同的派系甚至同一派系的不同地域或不同阶层的信奉者，各自的禁忌传统也不可能完全相同。这些禁忌中最稳定、最强势的往往是那些被记录在公认权威文本中的内容。而佛教典籍，特别是律典，就是这样一种记录佛教禁忌的核心权威文本。因此，讨论佛教禁忌，就必须对记载佛教禁忌的核心文本"戒律"进行深入的了解。

依南传佛教史籍记载，佛陀圆寂之后，大迦叶曾在僧团中召集五百位"最胜"阿罗汉，于摩揭陀国都舍卫城附近山上的七叶窟内举行了佛教历史上第一次结集。会上，由多闻第一的阿难诵出佛陀日常的言说教导（法），由持律第一的优婆离诵出佛陀在世时所制定的僧团规范（律），两者是后代三藏典籍中经藏与律藏的原型。其时间为佛般涅槃后第四个月，适值雨安居，整个结集历时7个月方得完成①。

---

① 《岛王统史》卷五，CBETA，N65，no.0032，p.0553c28。

佛典的第一次结集只是口诵，在之后长期的流传过程中逐步补充、删改并记录为书面文字。这些原始佛教圣典传至今日，经藏为南传佛教所传的五尼柯耶（长部、中部、相应部、增支部、小部），以及与此相当的汉译四阿含（长阿含、中阿含、杂阿含、增一阿含）。现存律藏典籍则分为广律、戒经和律论三种类别。本研究主要运用广律的文本，因此，下文在捎带介绍戒经与律论后，将集中考察广律的可用资料。

一、戒经与律论

戒经，即波罗提木叉经（pratimokṣa），又称"戒本""戒心"，分为比丘戒与比丘尼戒，是佛陀随犯而制之戒条的集结。所谓"戒者，波罗提木叉，半月布萨所说戒经"[①]。僧团每半月举行一次"布萨"集会，会上诵读戒条以强化对戒律的认知和实践。如《杂阿含经》中所载："世尊告诸比丘：'过二百五十戒，随次半月来说波罗提木叉修多罗，令彼自求学者而学。'"[②]关于波罗提木叉的意义，广律里有相关的阐释，如《五分律》卷十八提到："波罗提木叉者：以此戒防护诸根，增长善法，于诸善法最为初门故，名为波罗提木叉；复次数此戒法分别名句，总名为波罗提木叉。"[③]与此类似，《四分

---

① 《五分律》卷六，CBETA，T22，no.1421，p. 0041b20。
② 《杂阿含经》卷二十九，CBETA，T02，no.0099，p. 0210b14。
③ 《五分律》卷二十二，CBETA，T22，no.1421，p. 0122a15。

律》卷三十五载："波罗提木叉者，戒也。自摄持威仪住处行根面首，集众善法三昧成就。我当说、当结、当发起、演布开现、反复分别。"① 由此可以推知，波罗提木叉的第一层意思是防非止恶，引导善行，是修行的基础；第二层意思是分别讲演、阐释戒条。作为比丘比丘尼戒的波罗提木叉与针对在家众的戒律相比，具有无比的殊胜性。《善见律毗婆沙》提出②：

> 五戒十戒是学，若佛出世若不出世，于世间中此戒常有。佛出世时，佛声闻教授余人，若未出世时，辟支佛、业道沙门、婆罗门、转轮圣王、诸大菩萨，教授余人身，自智慧教授沙门婆罗门。若其能学此功德者，死得生天或生人间，受诸欢乐，是名学。波罗提木叉者，名无等学，于诸光明日光为王，于诸山中须弥为最，一切世间学波罗提木叉为最，如来出世便有此法，若无佛出世，无有众生能竖立此法，身口意行诸恶业，佛以无等学而制。

在此，五戒十戒等"学"被认为非佛教独有，外道亦能通过学此而获功德。而波罗提木叉被视为"无等学""一切世间学"之最，只有佛出世才使众生有可能学习此法。由此，出家为比丘比丘尼的胜殊性，通过波罗提木叉的胜殊而体现。

佛陀制戒对僧团而言有十大理由，亦称"十事利益"，即"一

---

① 《四分律》卷三十五，CBETA，T22，no.1428，p. 0817c11。
② 《善见律毗婆沙》卷七，CBETA，T24，no.1462，p. 0719a12。

者摄僧故；二者极摄僧故；三者令僧安乐故；四者折伏无羞人故；五者有惭愧者得安乐住故；六者不信者令信故；七者已信者增益信故；八者于现法中得漏尽故；九者未生诸漏令不生故；十者正法得久住，为诸天世人开甘露施门故"[①]。"十事利益"归结起来有三个目的：首先是提升僧团的管理；其次是增进僧人的修行；最后是令正法久住从而能度化更多的后来人。从这三点来看，戒律可谓佛教僧团存在与发展的基础。

现存戒本或是从胡本译出，或从广律中辑录，依照印顺法师的研究，现存比丘戒本共六类十三部，比丘尼戒本五类八部[②]。

比丘戒本：铜鍱部《比丘波罗提木叉》，二百二十七戒；大众部《摩诃僧祇大比丘戒本》，东晋佛陀跋陀罗译，凡二百十八戒；化地部《弥沙塞五分戒本》，刘宋佛陀什译，凡二百五十一戒；法藏部《四分比丘戒本》，后秦佛陀耶舍译，唐沙门怀素从广律中辑出，凡二百五十戒；法藏部《四分僧戒本》，后秦佛陀耶舍在译出广律前先行译出的单独戒本，凡二百五十戒；说一切有部《十诵比丘波罗提木叉戒本》，姚秦鸠摩罗什译，凡二百六十三戒；说一切有部《根本说一切有部戒经》，唐义净译，凡二百四十九戒；说一切有部另有其他五本戒本，包括敦煌出的汉译本、龟兹发现的梵

---

① 《摩诃僧祇律》卷七，CBETA，T22，no.1425，p. 0289c19。

② 此处关于现存比丘、比丘尼戒本的说明参照了印顺法师的研究，参见释印顺：《原始佛教圣典之集成（上）》，北京：中华书局2011年版，第66—69页。

本、经题错写为"五分戒本"的《十诵比丘波罗提木叉戒本》、尼泊尔发现的梵本、藏译本；饮光部《解脱戒经》，元魏瞿昙般若流支译，凡二百四十六戒。

比丘尼戒本：铜鍱部《比丘尼波罗提木叉》；大众部《摩诃僧祇比丘尼戒本》，东晋法显共觉贤译；法藏部《四分比丘尼戒本》，唐沙门怀素从广律中辑出；化地部《五分比丘尼戒本》，梁沙门明徽集；说一切有部《十诵比丘尼波罗提木叉戒本》，刘宋释法颖集；说一切有部《比丘尼戒本》敦煌写本；说一切有部《根本说一切有部苾刍尼戒经》，唐义净译；藏译说一切有部《比丘尼波罗提木叉经》。

戒本之外，还有律论。后者是对于律的阐释与讨论，传统的四律五论中的五论是指：

《萨婆多部毗尼摩得勒伽》十卷，刘宋僧伽跋摩译

《善见律毗婆沙》十八卷，萧齐僧伽跋陀罗译

《毗尼母经》八卷，失译

《萨婆多毗尼毗婆沙》九卷，失译

《律二十二明了论》一卷，弗陀多罗多造、陈真谛译

其中，《律二十二明了论》的经题下就标明"正量部弗陀多罗多法师造"，显然为正量部的短篇律论；《萨婆多毗尼毗婆沙》是说一切有部对本部《十诵律》的论释；《萨婆多部毗尼摩得勒伽》，按照印顺法师的研究，实为《十诵律》中《优波离问》《毗尼诵》的

异译①；《毗尼母经》虽然与《四分律》有许多相合之处，但具体为何部派的律论难以定论；《善见律毗婆沙》过去普遍认为是解释《四分律》的论书，高楠顺次郎与长井真琴等日本学者通过比对汉译与巴利本，认为此论书乃铜鍱部《善见律毗婆沙》（Samantapāsādikā）的略译本，只是译者在不少地方依《四分律》而修改了内容②。

除了上述传统的五论，其他值得考察的律论还包括《鼻奈耶》《根本萨婆多部律摄》《优婆离问佛经》《佛阿毗昙经出家相品第一》《舍利弗问经》《佛说苾刍五法经》等。

二、广律

广律是详细说明每一戒条的律典，主要是针对出家众即比丘与比丘尼而制定，包括解说制戒的缘起、每条律的正文即学处、构成犯戒的要件、开拓犯戒的条件③。因此，广律的内容十分丰富而详尽（如汉译《四分律》有近70万字），除了戒律规范，还包括许多有关佛教教团的历史与文化资料，值得深度挖掘。广律是对每条具体的戒条进行广释，但对一般僧人而言，戒本才是日常听诵温习的对象。现存译为汉语的广律，传统的汉传广律有五部，新译的南传《铜鍱律》一部。分别是：

---

① 释印顺：《原始佛教圣典之集成（上）》，北京：中华书局2011年版，第70页。
② ［日］平川彰：《律藏的研究》，东京：山喜房佛书林1970年版，第261页。
③ 劳政武：《佛教戒律学》，北京：宗教文化出版社1999年版，第132页。

1.《十诵律》

六十一卷，为说一切有部（萨婆多部）所传。根据《高僧传》与《出三藏记集》，该律的主要部分翻译年代为公元404—409年，为汉传五大广律中最早译出的①。《出三藏记集》载：

> 昔大迦叶具持法藏，次传阿难，至于第五师优波掘。本有八十诵，优波掘以后世钝根不能具受故，删为十诵，以诵为名，谓法应诵持也。自兹以下师资相传五十余人。至秦弘始之中，有罽宾沙门弗若多罗，诵此十诵胡本来游关右。罗什法师于长安逍遥园三千僧中共译出之。始得二分余未及竟，而多罗亡。俄而有外国沙门昙摩流支，续至长安。于是庐山远法师慨律藏未备思在究竟，闻其至止，乃与流支书曰：佛教之兴先行上国，自分流以来近四百年，至于沙门德式所阙犹多。顷西域道士弗若多罗者，是罽宾持律，其人讽十诵胡本。有鸠摩耆婆者，通才博见，为之传译，十诵之中始备其二。多罗早丧中涂而废，不得究竟大业，慨恨良深。传闻仁者贵此经自随，甚欣所遇，冥运之来岂人事而已耶。想弘道为物感时而动，叩之有人，必情无所客。若能为律学之众留此经本，开示梵行洗其耳目，使始涉之流不失无上之津，参怀胜业者日月弥朗，此则惠深德厚，人神同感矣。幸望垂怀不孤往心一二，悉诸道人所具。

① ［日］平川彰：《律藏的研究》，东京：山喜房佛书林1970年版，第125页。

不复多白。昙摩流支得书，方于关中共什出所余律，遂具一部，凡五十八卷。后有罽宾律师卑摩罗叉，来游长安。罗什先在西域，从其受律。罗叉后自秦适晋，住寿春石涧寺，重校十诵律本，名品遂正，分为六十一卷，至今相传焉。①

由上可见，直接参与翻译《十诵律》的有弗若多罗、鸠摩罗什、昙摩流支三人，昔日罗什之律师卑摩罗叉对译本进行了最终校订，他本人便来自有部盛行的罽宾。当时在南方影响力颇大的庐山慧远法师对律的译出也有极大的推动作用。

此外，印顺法师指出，刘宋僧伽跋摩所译之《萨婆多部毗尼摩得勒伽》十卷，原是《十诵律》第八诵"增一法"、第九诵"优波离问法"、第十诵"毗尼诵"的不完全别译。②

2.《四分律》

《四分律》是法藏部（昙无德部）的广律，历来卷数有多个版本，以六十卷本为正统。《高僧传》记载姚秦弘始十二年（410）"译出四分律凡四十四卷"③，而《出三藏记集》又记为弘始"十四年（412）迄"，平川彰认为，可以视为从410年始译而412年完成④，距《十诵律》译出仅三年左右。《出三藏记集》载：

---

① 《出三藏记集》卷三，CBETA，T55，no.2145，p.0020a22。
② 释印顺：《原始佛教圣典之集成（上）》，北京：中华书局2011年版，第209页。
③ 《高僧传》卷二，CBETA，T50，no.2059，p.0333c16。
④ ［日］平川彰：《律藏的研究》，东京：山喜房佛书林1970年版，第134页。

　　四分律，盖罽宾三藏法师佛陀耶舍所出也。初耶舍于罽宾诵四分律，不赍胡本而来游长安。秦司隶校尉姚爽欲请耶舍，于中寺安居，令出之姚。主以无胡本难可证信，众僧多有不同，故未之许也。罗什法师劝曰：耶舍甚有记功，数闻诵习，未曾脱误。于是姚主即以药方一卷民籍一卷并可四十许纸，令其诵之三日，便集僧执文请试之。乃至铢两、人数、年纪不谬一字，于是咸信伏，遂令出焉。故肇法师作长阿含序云，秦弘始十二年岁上章掩茂，右将军司隶校尉姚爽，于长安中寺集名德沙门五百人，请罽宾三藏佛陀耶舍出律藏，四分四十卷十四年讫。十五年岁昭阳奋若，出长阿含，凉州沙门佛念为译，秦国道士道含笔受。①

　　《四分律》为罽宾三藏佛陀耶舍与竺佛念等人共同译出，从上述记载看，期间还遭受了不小的波折。佛陀耶舍从罽宾来到长安，并未携带梵本《四分律》，官员与僧众都反对没有梵本的译经。直到鸠摩罗什法师出面调解，并通过记忆测试，方得开始翻译工作。

　　南北朝至隋代，不同部派的戒律在中国均有流行，直到唐代道宣法师以《四分律》为核心建立起融通大小乘的律宗理论，提出"四分一律，宗是大乘"②，《四分律》逐渐在汉地佛教中取得主流地位，

---

① 《出三藏记集》卷三，CBETA，T55，no.2145，p.0020b23。
② 《四分律删繁补阙行事钞》卷二，CBETA，T40，no.1804，p.0096a17。

所谓"混一唐统，普行四分之宗"①。唐代律学除了道宣南山律宗之外，法砺的相部宗和怀素的东塔宗也均以《四分律》为其学说之依止②，可见影响力之大。

3.《摩诃僧祇律》

又译《大众律》，大众部所持广律，凡四十卷。东晋义熙十二（416）至十四年（418），由天竺三藏佛陀跋陀与法显共同译出。根据律末的《私记》载，此律之胡本乃法显于摩揭陀国的巴连弗邑之阿育王塔南天王精舍内获得，抄写后带回中国。而南天王精舍的梵本则传自舍卫国的祇洹（园）精舍③。在《出三藏记集》中，僧祐将此律记为"婆粗富罗律"：

> 此一名僧祇律，律后记云：中天竺昔时暂有恶王御世，三藏比丘及诸沙门，皆远避四奔。恶王既死善王更立，还请沙门归国供养。时巴连弗邑有五百僧，欲断事，既无律师又阙律文，莫知承案即遣使到祇洹精舍，写此律文众共奉行。其后五部转集，诸律师执义不同各以相承为是，争论纷然。于时阿育王言：我今何以测其是非？于是问僧，佛法断事云何。皆言：法应从多。王言：若尔当行筹，知何众多，既而行筹。婆麁富罗众筹甚多，以众多故，改名摩诃僧祇。摩诃僧祇者，言大众也。沙

---

① 《续高僧传》卷二十二，CBETA，T50，no.2060，p. 0620a14。
② 杨曾文：《佛教戒律和唐代的律宗》，《中国文化》第三期，1990年第2期。
③ 《摩诃僧祇律私记》，《摩诃僧祇律》卷四十，《大正藏》第22册No.1425。

门释法显游西域于摩竭提巴连弗邑阿育王塔天王精舍。写得胡本赍还京都。以晋义熙十二年岁次寿星十一月，共天竺禅师佛驮跋陀。于道场寺译出，至十四年二月末乃讫。[①]

婆粗富罗即上座部系的犊子部。从上文看，僧祐的记载与《摩诃僧祇律·私记》几乎完全一致，唯独婆粗富罗部即大众部的记述《私记》中没有，后者只说"取本众筹者甚多，以众多故，故名摩诃僧祇"。平川彰认为，之所以有如此记述是由于僧祐将佛灭百年后，造成上座部与大众部根本分裂的毗舍离"十事非法"事件中的跋耆族比丘与婆粗富罗部相混淆，因为跋耆与婆粗富罗两者的梵文发音相近[②]。

4.《五分律》

全称《弥沙塞部和酰五分律》，为化地部（弥沙塞部）的广律，初译凡三十四卷，现本三十卷。胡本由法显从狮子国（斯里兰卡）带回，刘宋景平元年（423）始译，元嘉元年（424）完成。《出三藏记集》载：

> 此名为五分律，比丘释法显于师子国所得者也。法显记云：显本求戒律，而北天竺诸国皆师师口传，无本可写。是以远涉乃至中天竺，于摩诃乘僧伽蓝得一部律，是摩诃僧祇；复得一部抄律可七千偈，是萨婆多众律，即此秦地众僧所行者也；又

---

① 《出三藏记集》卷三，CBETA，T55，no.2145，p. 0020b23。
② ［日］平川彰：《律藏的研究》，东京：山喜房佛书林1970年版，第137–138页。

得杂阿毗昙心可六千偈；又得一部綖经二千五百偈；又得一部方等泥洹经可五千偈；又得摩诃僧祇阿毗昙。法显住三年，学胡书胡语，悉写之，于是还。又至师子国，二年更求得弥沙塞律胡本。法显以晋义熙二年还都，岁在寿星，众经多译，唯弥沙塞一部未及译出而亡。到宋景平元年七月，有罽宾律师佛大什，来至京都。其年冬十一月，琅琊王练比丘释慧严竺道生于龙光寺，请外国沙门佛大什出之。时佛大什手执胡文，于阗沙门智胜为译，至明年十二月都讫。①

这里有几点值得注意。首先是律本的传承，北天竺是口口相传，无本可写，这就解释了翻译《四分律》的佛陀耶舍，为何从罽宾来到长安时未带胡本，因为该地区的传统可能就是以口传为主。从中天竺直到狮子国，则有抄写本可寻。最早三藏的书写文本亦从南方传出，可见当时印度不同地区佛教经典传承的方式有所不同。其次，《五分律》正本题为"罽宾三藏佛陀什共竺道生等译"，而《出三藏记集》所提到的竺道生、王练、释慧严、佛陀什及于阗沙门智胜五人的具体分工，在《高僧传》中则有明确的记载："什执梵文，于阗沙门智胜为译，龙光道生东安慧严共执笔参正，宋侍中琅琊王练为檀越。"②

至于经题中"和酰"二字，印顺法师认为，根据化地部的梵文

---

① 《出三藏记集》卷三，CBETA，T55，no.2145，p.0021a12。
② 《高僧传》卷三，CBETA，T50，no.2059，p.0339a03。

发音，古人汉译或传为"弥沙塞和醯"。但之后由于误将"弥沙塞和醯部五分律"写为"弥沙塞部和醯五分律"，使得后人对此无法理解①。

以上《十诵律》《四分律》《摩诃僧祇律》《五分律》是为古代传统的"四律"，僧祐将上述四部律的简介收录于《出三藏记集》卷三的"新集律来汉地四部序录"中。从404年开始翻译《十诵律》到424年四律全部译出，反映了当时中国佛教界对于完整戒律的极度渴求。就在弗若多罗着手翻译《十诵律》的前五年，同在长安的法显法师便因"慨律藏残缺"而"至天竺寻求戒律"②。虽然紧跟《十诵律》之后译出的《四分律》逐渐盛行，然而平川彰认为，《十诵律》的翻译具有开创性意义，决定了四大广律的翻译语言与风格③。

5.《根本说一切有部毗奈耶》

现本五十卷，为根本说一切有部的广律，由三藏法师义净从印度带回，于唐景云二年（711）年过世前将根本说一切有部律典的大部分译出。除汉译本外，现存尚有藏译和梵文本。《开元释教录》里列举的义净所译根本说一切有部戒律有④：

根本说一切有部毗奈耶　五十卷　长安三年译

---

① 释印顺：《原始佛教圣典之集成（上）》，北京：中华书局2011年版，第61页。
② 章巽 校注：《法显传校注》，北京：中华书局2008年版，第2页。
③ ［日］平川彰：《律藏的研究》，东京：山喜房佛书林1970年版，第151–154页。
④ 《开元释教录》卷九，CBETA，T55，no.2154，p. 0567a01。

根本说一切有部苾刍尼毗奈耶　二十卷　景龙四年译

根本说一切有部毗奈耶杂事 四十卷　景龙四年译

根本说一切有部尼陀那目得迦　十卷或八卷　长安三年译

根本说一切有部戒经　一卷　景龙四年译

根本说一切有部苾刍尼戒经　一卷　景龙四年译

根本说一切有部百一羯磨　十卷　长安三年译

根本说一切有部毗奈耶颂　五卷　景龙四年译

根本说一切有部毗奈耶杂事摄颂　一卷　景龙四年译

根本说一切有部尼陀那目得迦摄颂　一卷　景龙四年译

根本萨婆多部律摄　二十卷或十四卷　久视元年译

共计十一部159卷（或151卷），翻译时间为公元700年到710年之间。

此后，《贞元新定释教录》在《开元释教录》所收录的基础上又有所补充[1]：

根本说一切有部毗奈耶药事　二十卷

根本说一切有部毗奈耶破僧事　二十卷（内欠二卷）

根本说一切有部毗奈耶出家事　五卷（内欠一卷）

根本说一切有部毗奈耶安居事　一卷

根本说一切有部毗奈耶随意事　一卷

---

① 《贞元新定释教录》卷十三，CBETA，T55，no.2157，p.0867b19。

根本说一切有部毗奈耶皮革事　二卷

根本说一切有部毗奈耶羯耻那事　一卷

共计七部五十卷（内缺三卷），翻译时间为证圣元年（695）至景云二年（711）。《开元释教录》卷九曾提到义净"出说一切有部跋窣堵（即诸律中揵度跋渠之类也，梵音有楚夏耳）约七八十卷，但出其本未遑删缀，遽入泥洹其文遂寝"。① 也就是说，曾有七八十卷的说一切有部"跋窣堵"已经翻译，但未来得及进一步编辑审订，义净便过世了。《贞元录》中补充的七部五十卷或许就是其中的一部分。

合《开元录》《贞元录》所记，义净所译根本说一切有部毗奈耶共计十八部209卷（或201卷，内缺三卷）。现存本为十八部199卷，在体量上为五种广律之最②。

龙树《大智度论》中载："毗尼名比丘作罪，佛结戒：应行是、不应行是，作是事得是罪，略说有八十部。亦有二分：一者、摩偷罗国毗尼，含阿波陀那、本生，有八十部；二者、罽宾国毗泥，除却本生、阿波陀那，但取要用作十部。有八十部毗婆沙解释。"③印顺法师认为，《根有律》的组织与《十诵律》相近，"《根有律》就是《八十部》律，与《十诵律》为同一原本"，只是同一原典的不

---

① 《开元释教录》卷十三，CBETA，T55，no.2154，p. 0568b05。
② ［日］平川彰：《律藏的研究》，东京：山喜房佛书林1970年版，第149页。
③ 《大智度论》卷一百，CBETA，T25，no.1509，p. 0756c01。

同流传①。

6.《铜鍱律》

锡兰所传即整个南传上座部佛教所持的广律，用巴利文书写。锡兰又名铜鍱洲、楞伽岛、狮子国。阿育王曾派遣上座部僧团向各方传教，其中阿育王之子、目犍连子帝须之徒摩哂陀被派往楞伽岛，时锡兰王天爱帝须为其建寺（大寺），成为锡兰佛教乃至整个南传佛教之滥觞。根据印顺法师的考证，锡兰佛教属于上座部之下分别说系一脉的赤铜鍱部。平川彰则认为，锡兰佛教并非源自上座部的枝末部派，而是继承了在分裂出枝末部派之后，残存的上座部本身，如同上座部系的说一切有部、法藏部或犊子部等②。

瓦达伽摩尼王时期（公元前1世纪下半叶），从前仅为口述的三藏典籍及其注疏有了书面文字，是为南传大藏经文本的源头。现行的汉译《南传大藏经》译自日本大正新修大藏经刊行会出版的日译本，同时参照了巴利文本协会（Pali Text Society）的巴利文原本③。其中的律藏分为三部分：

"经分别"：相当于对戒律的广释，包括"大分别（比丘戒）""比丘尼分别"两部，每部之下又各自有"波罗夷""僧残

① 释印顺：《原始佛教圣典之集成（上）》，北京：中华书局2011年版，第65–66页。
② ［日］平川彰：《律藏的研究》，东京：山喜房佛书林1970年版，第65页。
③ 此巴利文律藏即是由H. Oldenberg于1879–1883年在伦敦发行的五册罗马拼音版，基于锡兰与缅甸原有的写本而成。参见［日］平川彰：《律藏的研究》，东京：山喜房佛书林1970年版，第66页。

法”“不定法”“舍堕法”“波逸提法”“众学法”“灭诤法”七篇。

“犍度”：广释僧团的制度规范，包括“大品”的“大犍度”“布萨犍度”“入雨安居犍度”“自恣犍度”“皮革犍度”“药犍度”“迦絺那衣犍度”“衣犍度”“瞻波犍度”“憍赏弥犍度”十篇以及“小品”的“羯磨犍度”“别住犍度”“集犍度”“灭诤犍度”“小事犍度”“卧坐具犍度”“破僧犍度”“仪法犍度”“遮说戒犍度”“比丘尼犍度”“五百（结集）”“七百（结集）”十二篇。

“随附”：附录十九篇。

以上律藏收于汉译《南传大藏经》的第1册到第5册。

相对于大众系，上座部系的最大特点可谓戒律的严格传承，这可以追溯到佛陀入灭后第一次结集时，大迦叶尊者与阿难尊者之间就“小小戒可舍”而进行的争论。在上座部系统中，以大寺派为代表的锡兰佛教在历史上十分保守，而这正突显了上座部系巴利文《铜鍱律》的重要意义之所在。

第三章　禁戒之争与部派分化

　　佛教禁戒取自不同的律藏文本，而这些广律、戒经和律论如前一章所述，往往分别传自不同的部派。佛教部派形成的根本原因在于对佛陀所传言教的不同解读与传承，包括有关法的言教与戒的言教。前者在后世逐渐集结成修多罗（经），后者则集结为毗奈耶（律），所谓"修多罗中，有人问故，为说是事；毗尼中，有人犯是事，故结是戒"①。外加阐释两者的阿毗达磨（论），形成了佛教三藏典籍流传至今。

　　之所以在本章要简略地讨论部派分化，一是由于不同部派的律典秉持不同的精神，所载的禁戒并不完全相同，而这背后与每个部派自身的核心思想又密切相关；二是对戒律的不同解读往往成为部派分化的原因，包括上座部与大众部的根本分裂。因此，在探讨佛教禁戒与可资利用的律藏之前，不能不先考察一下佛教在印度的部派分化。

---

① 《大智度论》卷三十三，CBETA，T25，no.1509，p. 0307b06。

一、印度佛教历史分期

部派分化是印度佛教史上的一个特定时期。印度佛教的历史一般可分为原始佛教时期、部派佛教时期、初期大乘佛教时期、后期大乘佛教时期以及秘密佛教时期等五个阶段。后一个阶段的出现以新的学说、思想的流行为标尺，但并不表示先前的学说与思想就销声匿迹了。相反，这些原来的思想体系能够继续长久地存在且在多数情况下，与新的体系相互影响、融合。譬如，公元前后初期大乘佛教出现之后，原先经历了枝末分裂的佛教部派仍旧继续存在与演化，作为与大乘佛教相对的小乘佛教，一直存在到7世纪密教兴起之后。目前比较著名的几部印度佛教通史，如释印顺的《印度佛教思想史》、吕澂的《印度佛学源流略讲》、宇井伯寿的《印度佛教思想史》、平川彰的《印度佛教史》等都大致都依上述的思路而展开，其不同之处略表如下。

印顺法师认为，初期大乘与后期大乘的主要区别在于从一切法自性空演变为"无其所无，有其所有"，即由"空"进入"不空"[①]。由此，他进一步将龙树中观一系的思想与净土一系的方便易行道视为初期大乘的主线，而唯识思想与如来藏思想的兴起进而瑜伽与中观两派的对立与融合看作后期大乘的发展主线。印顺法师用性空唯

①　释印顺：《初期大乘佛教之起源开展》（上），北京：中华书局2011年版，第21-22页。

名论、虚妄唯识论、真常唯心论来概括中观、唯识与如来藏三个体系的思想①。

吕澂的分期相当于将印顺版的后期大乘佛教再分为7世纪前的中期大乘与7世纪至10世纪的后期大乘，理由是从那烂陀寺到超行寺，佛教越来越成为限制在寺院里充满哲学思辨的"寺学"。吕澂将密教视为"左道"，并非真正的佛教，10世纪之后的佛学已完全成为密教的附庸，因此他便将佛教在印度衰颓的年代定为10世纪，之后一直到13世纪初穆斯林入侵印度烧毁超行寺的2个多世纪，"谈不上是大乘佛学了"②。

宇井伯寿将佛陀及其直传弟子在世的时代称为根本佛教，原始佛教则是佛陀再传弟子到部派根本分裂这几十年的时期，之后便是部派对立的时期。宇井将大乘佛教分为三期，第一期与吕澂的初期大乘大致相同，以般若中观学说为代表，第二期以无着、世亲的唯识系统为代表，第三期是如来藏思想与中观派的对立，第二、第三期对应吕澂的中期大乘。最后则是密教时代③。

平川彰字面上的分期方式与一般的五期分法即原始、部派、初期、后期、密教相当，然而，其最大的特色在于仅将龙树之前的大

---

① 参见释印顺：《印度佛教思想史》，北京：中华书局2010年版。
② 参见吕澂：《印度佛学源流略讲》，上海：上海人民出版社2005年版。
③ 参见［日］宇井伯寿等：《中印佛教思想史》，贵阳：贵州大学出版社2013年版。

乘佛教视为初期大乘，以菩萨行为其思想与实践的特色①。

二、有关"十事非法"的争论

佛陀入灭百年之后，僧团内部对于"十事非法"的不同看法，引发了佛教历史上的第二次结集，随后进一步导致了上座部与大众部之间的"根本分裂"。

南传的《岛王统史》和《大王统史》及各部派戒律中记载的分裂原因均为"十事非法"，唯独北传佛教的部分资料如《异部宗轮论》里，将分裂的原因归为"大天五事"。已有许多学者指出了其中的讹误，平川彰认为，这是"将枝末分裂的原因回溯到根本分裂"②。因此，按照多数史料的记载，佛陀入灭百年之后，僧团内部对于"十事非法"之戒律的不同看法，引发了佛教历史上的第二次结集（七百结集），随后进一步导致了上座部与大众部之间的根本分裂。在这一主流历史叙事中，还有一些问题值得深入探讨。

关于此次事件，《铜鍱律》《十诵律》《四分律》《五分律》等律藏中均有涉及，以《十诵律》卷六十的"七百比丘集灭恶发品"之记载较为详尽：③

　　佛般涅槃后一百一十岁，毗耶离国十事出……是时有长老

---

① 参见［日］平川彰：《印度佛教史》，贵阳：贵州大学出版社2013年版。
② ［日］平川彰：《印度佛教史》，贵阳：贵州大学出版社2013年版，第86页。
③ 《十诵律》卷六十，CBETA，T23，no.1435，p.0450a28。

耶舍陀迦兰提子，毗耶离住，得三明，持三藏法：修妒路、毗尼、阿毗昙。耶舍陀是长老阿难弟子。耶舍陀闻毗耶离国十事出已，非法非善远离佛法，不入修妒路、不入毗尼，亦破法相。是十事，毗耶离国诸比丘，用是法行、是法言、是法清净，如是受持。何等十？一者盐净乃至金银宝物净。毗耶离国诸比丘，又持憍萨罗大金钵，出憍萨罗国，入毗耶离国，次第乞钱，随多少皆着金钵中。时人或以万钱，千、五百、五十、一钱着钵中。

耶舍长老是阿难的弟子，从佛灭百年的时间上推算，十事非法争论发生之时，耶舍应该在70-80岁左右了。关于七百结集几位重要当事人的年纪，《五分律》卷三十载"第一上座名一切去，百三十六腊；第二上座名离婆多，百二十腊；第三上座名三浮陀、第四上座名耶舍，皆百一十腊"[①]未必可信。既然第二结集发生在佛灭百年之后，这些长老又多是佛陀的再传弟子，则他们的年龄可以以此推算。阿难加入佛陀僧团时还是儿童，时间为佛陀成道之后的五年内，佛陀35岁成道，80岁过世，则佛陀过世时，阿难年龄当在45-50岁之间。按照典籍推算，如果阿难80岁圆寂，则佛陀入灭百年之后，阿难晚年的少年弟子（如果拜阿难为师时仅10-20岁）年龄当在70至80岁以上。因此，七百结集中起关键作用的这些上座长老应该就是阿难晚年所招收的少年弟子。

---

① 《五分律》卷三十，CBETA，T22，no.1421，p.0194b16。

　　毗耶离又称吠舍离或毗舍离，耶舍听闻当地的跋耆族比丘在日常生活中存在"非法非善"的十事，依照戒律，十事均不如法，其中收受信众所施舍的钱财是核心问题。于是，耶舍遣人到当地的檀越家中，向他们宣导昔日佛陀"沙门释子乃至佛不听乞金银宝物畜"的规定。当时有毗舍离比丘将乞来的金银财物遣使送于耶舍，后者拒绝接受并进一步遣使向前者宣讲佛陀不乞金银宝物的规定。如是几个回合的争斗之后，跋耆比丘将耶舍长老赶出了毗舍离。此后，耶舍在憍萨罗国夏安居时，遣使将毗舍离所发生之事告予摩偷罗国的三菩伽长老，后者又遣使将此事告知达嚫那国、阿盘提国的比丘。三菩伽还到萨寒若国亲自会见离婆多（梨婆多，阿难弟子）长老，与其确认十事非法。当时，也有毗舍离比丘来到萨寒若国见离婆多长老请其公断，并企图收买长老的弟子为其说情。与跋耆比丘的正面交锋使离婆多和三菩伽认识到"本从处出，应还至本处灭"。于是阿盘提、达嚫那国的比丘前往萨寒若国会同离婆多和三菩伽长老，向毗舍离进发。最终，长老们召集了七百比丘，按照羯磨（议事程序），推举东西方比丘各四人共八人，由三菩伽向各长老一一发问十事，并进而向全体参会僧众发问，最后取得一致意见，认为十事非法。是为《十诵律》记载的七百结集始末[1]。依照《岛王统史》，此次结集历经 8 个月方得完成[2]。南传《犍度》卷二十二的"七百（结

---

[1]　《十诵律》卷六十、六十一，CBETA，T23，no.1435。

[2]　《岛王统史》卷五，CBETA，N65，no.0032。

集）犍度"与《十诵律》所记基本相似，唯其关于十事非法为何十事，记载得更详尽清晰，现整理如下：[①]

1.盐净：于容器中蓄盐，无盐时食用。

2.两指净：日影自日中至偏斜两个手指的宽度之间，仍可进食。（《十诵律》该条指吃饭时用两个手指抄起食物）

3.聚落净：食已仍进入其他聚落乞食。

4.住处净：同属于一个地区的僧人，各自行布萨。（《十诵律》作"证知净"）

5.后听净：违反羯磨先行决议，再由他人追认。（《十诵律》作"如是净"）

6.常法净：默认德高望重者之习惯法。此条可净，也可不净。

7.不搅乳净：摄食完毕得饮非乳非酪之乳。（《十诵律》此条为"和合净"，即奶酪酥和合而食）

8.阇楼伽酒净：饮用未发酵的阇楼伽酒。（《十诵律》作"贫住处净"）

9.无缕边坐具净：使用没有边缘的坐具。（《十诵律》作"不益缕边尼师檀净"）

10.金银净：接受蓄存金银布施。

以上十事中《十诵律》缺"常法净"，而替之以"行法净"，即

---

① 《犍度》卷十一至二十二，CBETA，N04，no.0002。

"杀罪、偷、邪淫、妄语、两舌、恶口、绮语、悭贪、瞋恚、邪见"等十恶"行亦不净、不行亦不净"①。

此外，关于十事非法，《五分律》的记载为："一、盐姜合，共宿净；二、两指抄食食净；三、复坐食净；四、越聚落食净；五、酥、油、蜜、石蜜，和酪净；六、饮阁楼伽酒净；七作坐具，随意大小净；八、习先所习净；九、求听净；十、受畜金银钱净。"②《四分律》则是："两指抄食、得聚落间、得寺内、后听可、得常法、得和、得与盐共宿、得饮阁楼罗酒、得畜不截坐具、得受金银"③，除了个别细节的解释有出入，皆大体相同。以上只是根据上座部系统所存经典的描述。《摩诃僧祇律》里没有提到十事非法，而只说到五净法，作为七百结集争论的双方，看问题的角度不同，对于事件的记载自然也相差较大。

三、"七百结集"中的"八大长老"考

不同的史料里均提到了七百结集时推举出的八位上座，由他们先来定夺十事是否非法，随后再由其他所有僧人复议。这八位上座都是德高望重的长老，其中有几位在整个事件的发展中起了关键作用。所以虽名为七百结集，但能够引导舆论，影响最终结论的只是

---

① 《十诵律》卷六十一，CBETA，T23，no.1435，p. 0455a26。
② 《五分律》卷三十，CBETA，T22，no.1421，p. 0192a27。
③ 《四分律》卷五十四，CBETA，T22，no.1428，p. 0968c19。

这几位长老。八位上座的名字多处史料均有记载：

> 《十诵律》卷六十一：三菩伽，僧中唱四比丘名字：阿盘
> 提、达嘌那、婆多国四客比丘，东方四旧比丘。何等阿盘提、
> 达嘌那、婆多国四客比丘：一、萨婆伽罗婆梨婆罗（南传一切
> 去）上座；二、沙罗（南传沙兰）；三、耶输陀；四、级阇苏
> 弥罗，是为四客比丘。何等东方四旧比丘：一、上座梨婆多；
> 二、长老三菩伽；三、修摩那；四、萨波摩伽罗摩。是为东方
> 四旧比丘。①

> 南传《犍度》卷二十二：若僧伽机熟，僧伽应选断事人，
> 令灭此诤事。选波夷那四比丘及波利邑四比丘。波夷那比丘是
> 具寿一切去、具寿沙兰、具寿不阇宗、具寿婆沙蓝。波利邑比
> 丘是具寿离婆多、具寿三浮陀舍那婆斯、具寿耶舍迦干陀子、
> 具寿修摩那。②

> 《岛王统史》卷四：萨婆伽眉、沙兰、离婆多、屈阇须毗
> 多及耶舍与娑那〔人之〕三浮多此等长老等是长老阿难之弟
> 子，尝见奉如来者，须摩那、婆娑伽眉此二人是阿那律之胜
> 弟子。③

> 《四分律》卷五十四：时波夷那比丘语波梨比丘言："汝等

---

① 《十诵律》卷六十一，CBETA，T23，no. 0453b19。
② 《犍度》卷二十二，CBETA，N04，no.0002，p. 0407a11。
③ 《岛王统史》卷四，CBETA，N65，no.0032，p. 0027a05。

今可出平当人。"彼即言："上座一切去、离婆多、耶舍、苏曼那是平当人。"波梨比丘语波夷那比丘言："汝等亦应出平当人。"彼即言："长老三浮陀、婆搜村、长老沙留、不阇苏摩是平当人"。①

《五分律》卷三十：跋耆比丘先求四人：一名一切去、二名离婆多、三名不阇宗、四名修摩那。波利邑比丘亦求四人：一名三浮陀、二名沙兰、三名长发、四名婆沙蓝。②

根据以上的记载，可以将就八位长老的名字以及他们分别代表了东西方哪一派参加讨论做成两张表。

表1　七百结集中参与核心议事的八位上座

	十诵律	铜鍱律	岛王统史	四分律	五分律
上座1	萨婆伽罗婆梨婆罗	一切去	萨婆伽眉	一切去	一切去
上座2	沙罗	沙兰	沙兰	沙留	沙兰
上座3	耶输陀	耶舍迦干陀子	耶舍	耶舍	长发
上座4	级阇苏弥罗	不阇宗	屈阇须毗多	不阇苏摩	不阇宗
上座5	梨婆多	离婆多	离婆多	离婆多	离婆多
上座6	三菩伽	三浮陀舍那婆斯	三浮多	三浮陀	三浮陀
上座7	修摩那	修摩那	须摩那	苏曼那	修摩那
上座8	萨波摩伽罗摩	婆沙蓝	婆娑伽眉	婆搜村	婆沙蓝

---

① 《四分律》卷五十四，CBETA，T22，no.1428，p. 0971a08。
② 《五分律》卷三十，CBETA，T22，no.1421，p. 0193c13。

表2　七百结集中八位上座所代表的派系

	十诵律	铜鍱律	岛王统史	四分律	五分律
一切去	西方客比丘	波夷那	阿难弟子	波梨	跋耆
沙兰	西方客比丘	波夷那	阿难弟子	波夷那	波利邑
耶舍	西方客比丘	波利邑	阿难弟子	波梨	波利邑
不阇宗	西方客比丘	波夷那	阿难弟子	波夷那	跋耆
离婆多	东方旧比丘	波利邑	阿难弟子	波梨	跋耆
三浮陀	东方旧比丘	波利邑	阿难弟子	波夷那	波利邑
修摩那	东方旧比丘	波利邑	阿那律弟子	波梨	跋耆
婆沙蓝	东方旧比丘	波夷那	阿那律弟子	波夷那	波利邑

对照以上五种文献，八位长老分别是一切去、沙兰、耶舍、不阇宗、离婆多、三浮陀、修摩那、婆沙蓝①。当时针锋相对的两派各自推选自己的代表，波利邑比丘即是代表了西方坚持保守戒律的"客比丘"，波夷那比丘则是反对十事非法的毗舍离跋耆族比丘，代表了东方要求戒律宽松的比丘集团。通过表2的整理，不同资料的记载相差悬殊，似乎很难复原出当时的八位长老各自代表了东西方哪个团体的发言人。不过从五种文献有限的记载里，仍然能够分析出不少关于第二次结集（即"七百结集"）与"根本分裂"的重要信息，这就是下一节要说的内容。

四、"十事非法"之争与僧团的分裂

虽然无法从有关七百结集的资料推断出当时参与论争的八大长

---

① 《五分律》缺少耶舍，代之以"长发"。

老各自代表了东西方的哪个团体，但其中有几点值得深思的地方：

第一，并非所有的八大长老从一开始就坚定地赞同"十事非法"，如沙兰长老曾就此事有过思想斗争。《十诵律》卷六十载："尔时长老沙罗，住毗耶离国，持三藏、得三明，有名称大阿罗汉，是长老阿难弟子，如是思惟：'我所学智，皆从和上口受诵戒，我当分别观察客比丘、毗耶离比丘。'如是思惟已，着衣持钵入城乞食，食后向沙树林间。入树林已，于一树下敷尼师檀坐，观所诵法，知谁是？为毗耶离比丘是？为客比丘是？如是观已，知毗耶离比丘不是，知阿盘提达嚫那婆多国诸客比丘是。"①

对整个事件十分积极，起核心推动作用的是耶舍、三浮陀和离婆多三位，以及结集时在毗舍离的一切去。此四位上座是十事非法最坚定的支持者，也是德高望重的长老，特别是一切去和离婆多。据记载，耶舍、三浮陀、离婆多是坚决反对十事的上座，在毗舍离的跋耆比丘理应对此十分了解，耶舍和离婆多还与跋耆比丘有过直接的正面交锋。因此，跋耆比丘理当不会选此三人为自己的代表，而是选择诸如沙兰这样本身立场并不十分坚定的上座。至于一切去，他是在场比丘中最德高望重的上座，《五分律》卷三十说一切去是"于阎浮提沙门释子中最为上座，得阿罗汉三明六通，亦是阿难最大弟子"②，如果真为阿难大弟子，则年龄当在百岁以上了，或只是

---

① 《十诵律》卷六十，CBETA，T23，no.1435，p. 0452a28。
② 《五分律》卷三十，CBETA，T22，no.1421，p. 0193b25。

指他是在世的阿难弟子中年龄最大的。《铜鍱律》提到："有名为一切去之地上〔最高龄〕僧伽长老，是阿难之弟子，由受具足戒至今已一百二十年，住于毗舍离城。"①鉴于当时一切去住在毗舍离应该有一段时间了，跋耆比丘推选他为自己的代表也是合情合理的。由此分析可得，《铜鍱律》关于东西方比丘各自所推选的四位长老的记载相对比较合理。

第二，虽然此次结集的八位长老各自出身于何方难以判断，但问题的实质是有关戒律的保守派与激进派之间的争论，不能简化为如《十诵律》或学界一般认为的只是东方跋耆比丘与西方保守长老之间的冲突，其中还涉及不同比丘之间的年龄代际差异和个人立场等问题。

佛灭百年之后，朱木那河畔的摩偷罗已经成为佛教的西部中心，与之相对，毗舍离及其不远处的摩揭陀国都华氏城作为佛陀在世时弘化的核心区域是佛教的东部中心。东部是传统的区域，是佛教徒眼中的"中国"，而西方则是佛教的新兴地区，是佛教徒眼中的边地。然而东部在佛灭后经过百来年的经济发展，社会风貌有诸多的变化，商业的繁荣以及货币的广泛使用就是其中之一。在来自西方的耶舍等长老明确提出十事非法，特别是不得接受金银施舍的问题之前，不少身在东方的上座可能如同沙兰长老那样，对此现象

---

① 《犍度》，CBETA，N04，no.0002，p. 0406a03。

已默认其存在，并没有太多的思考。但当问题被提出之后，原本没有明确立场的东方上座们（未必出身东方，或只是立场不明）① 比一般年轻的比丘更可能回归严格的传统戒律。

因此，跋耆比丘所代表的是东方一群要求适应社会现状、改革戒律的激进派比丘。而西方摩偷罗、阿盘提、达嚫那、婆多国等地的上座则代表了希望维持传统戒律的保守派比丘。当时有一百二十位波利邑比丘（据《五分律》卷三十记载都是阿难弟子，其中至少有六十位是头陀行者）跟随耶舍前往三浮陀与离婆多处宣说跋耆比丘之非法，因此，西方保守派在一些材料里又称为"波利邑"比丘。几位起关键作用的长老和波利邑一百二十位比丘都是阿难的弟子，推算起来，应该都是耄耋之年了，与激进派比丘相比，差异可能并不只是东西方的地域差别，更有年龄与代沟的问题。最终的七百结集，核心的八人小组均是年纪较大的长老，因此，原本跋耆激进派比丘与西方保守派长老的对抗，演变为八位上座长老对十事议题的决断。当长老们一致通过十事非法的决议后，与会的大多数鉴于上座们的声望与实际修持，没有提出异议也是情理之中。因此，七百结集并非保守派与激进派在僧团集会上的一个正面了断，而是僧团长老们对于传统戒律的再次强调与声明。

---

① 　将东方等同于赞成十事或戒律松弛、西方视为反对十事或戒律严格似有脸谱化之嫌。现实中，未必所有的跋耆比丘都会赞成十事，但为了梳理历史脉络的方便起见，笔者暂时根据史料的记载延续学界一般所认为的东西方对立模式。

第三，目前关于十事非法或第二次结集所用的材料，以《铜鍱律》《十诵律》《四分律》《五分律》《岛王统史》为核心。这几份材料均是出自上座系，是否能够秉公而论或未可知，但史料多处记载了跋耆比丘的不堪。

首先，跋耆比丘为自己行为开脱的理由不是就事论事的分析，而是地域至上的观点。如《四分律》卷五十四，毗舍离比丘对离婆多弟子说："彼波夷那、波梨二国比丘共诤，世尊出在波夷那国。"《十诵律》卷六十，"毗耶离比丘，是有法语。阿盘提、达嚫那婆多国诸比丘，不是法语。一切诸佛皆出东方，长老上座莫与毗耶离中国比丘斗诤"。因为佛陀出身东方，所以一切法应以东方比丘的实践为导轨。正如印顺法师所言："东方比丘以佛法的正统自居……这不是与佛世阐那所说'佛是我家佛，法是我家法'的意境相同吗？"①

其次，按照上座部系的广律记载，跋耆比丘在与西方上座部长老的斗争中常常使用不光彩的手段。譬如，在毗舍离与耶舍长老的斗争中，跋耆比丘先是将乞讨获得的金银钱财主动分与耶舍，有利益均沾甚至收买的意思。被耶舍长老拒绝后，跋耆比丘又要求耶舍向毗舍离的在家信众做下意羯磨，耶舍顺水推舟再次向信众宣传比丘收受金银钱财非法，最终跋耆比丘决议将耶舍从毗舍离驱逐。以

---

① 释印顺：《初期大乘佛教之起源开展（上）》，北京：中华书局2011年版，第281页。

上便是双方第一回合的斗争。接下来，在耶舍以及三浮陀、离婆多等上座的推动下，毗舍离十事非法的事在西边传开，跋耆比丘派人到萨寒若国与当时西方教团德高望重的离婆多长老沟通，得知长老也反对十事后，竟用物资收买长老的徒弟致使后者被长老逐出师门，此时，跋耆来的比丘又主动提出收其为徒，是为第二个回合的斗争。之后便是西方诸长老来到毗舍离联合当地的长老召集了七百人的大会。从离婆多弟子被跋耆来的比丘收买并收为徒弟一事来看，似乎暗示跋耆比丘的激进主义思想对一些年轻比丘而言或有一定的吸引力。

再次，佛陀最初制定戒律的地方就在毗舍离，因须提那迦兰陀子"行淫"而制①。在律典里，跋耆族的比丘在佛陀在世的时代似乎就名声不佳，关于他们的记载多是一些负面的事例，现部分列举如下：

　　《五分律》卷一：佛在王舍城。时有跋耆邑比丘名孙陀罗难陀，众所知识供养恭敬，不乐修梵行，作外道仪法、白衣仪法；行杀、盗、淫种种恶事。彼诸居士不信乐佛法者，呵责言："云何沙门释子作如此恶？"处处咸言："孙陀罗比丘亦受五欲乐，此等比丘无沙门行，无婆罗门行；不受沙门法，不受婆罗

---

① 《五分律》卷三十，CBETA，T22，no.1421，p.0190c29。

门法。此等比丘所不游处，皆得善利！"恶声流布遍闻天下。^①

南传《经分别》卷一：尔时，众多毗舍离出身之跋耆比丘，恣意饮食、恣意睡眠、恣意沐浴。恣意饮食、睡眠、沐浴，不如理作意、不舍戒、戒羸不告示而行不净之法。^②

南传《犍度》卷十七：时，是日行布萨。提婆达多从座而起，令取筹，曰：诸友！我等至沙门瞿昙处，请求五事，曰："世尊以无数之方便，赞叹少欲……食鱼肉者有罪。"沙门瞿昙不许此五事。我等持此五事而住。具寿忍此五事者请取筹！时，毗舍离之跋耆子有比丘五百人，新出家而不明辨事。彼等思此是法、律、师教而取筹。时，提婆达多破僧伽，率五百比丘向象头山去。^③

律典中有关于跋耆比丘的描述，多集中于佛陀在世时，他们不守戒律，在生活中恣意行，其行为甚至都不符合"婆罗门行"。更有甚者，在佛陀晚年提婆达多企图分裂教团的事件中，提婆达多所带领的自僧团中分裂而出的五百比丘也都是跋耆族的。可见，以律典为主的上座系的史料中，跋耆比丘是一个名声不佳、形象负面的团体。

---

① 《五分律》卷一，CBETA，T22，no.1421，p. 0004a11。此事在《十诵律》《萨婆多部毗尼摩得勒伽》里均有记载。
② 《经分别》卷一，CBETA，N01，no.0001，p. 0026a12。
③ 《犍度》卷十七，CBETA，N04，no.0002，p. 0026a12。

第四，如果我们考察大众部系统的《摩诃僧祇律》关于七百结集的描述，与对立的上座部系的记载进行比对，就可以从一些细节中看出立场的不同。首先，相对其他几部广律，《僧祇律》关于七百结集的记述是最简略的，只有区区 800 多字；其次，《僧祇律》也没有提到跋耆比丘收买耶舍和离婆多弟子的事，双方的冲突被大大淡化；再次，其他几部广律里提到的推举八位上座决定十事的记载《僧祇律》也没有。虽然也规定了比丘不得受金银钱财布施，但《僧祇律》中没有提到"十事非法"，而代之以"五净法"，"何等五？一者制限净，乃至风俗净"，具体而言，就是"须钵者求钵、须衣者求衣、须药者求药，无有方便得求金银及钱，如是诸长老应当随顺学"。[1]

从上座部的立场出发，"十事非法"是十分明确的原则，因此，记录的重点在于禁止十事。从《僧祇律》的角度看，"五净法"显然是从肯定的角度去叙述，重点在于阐明应该怎么做。两者立场的不同十分鲜明。毗舍离的跋耆族比丘当为最初大众部的重要源头之一，《僧祇律》作为大众部系统的广律，对于七百结集之原因及其背后的种种冲突，自然与上座部系统广律的记载着墨点有所不同，且有明显避重就轻之感。然而，虽然没有完全涉及十事，《僧祇律》亦承认僧团成员不得乞求金银及钱这样一个原则性的问题，反映了

---

[1] 《摩诃僧祇律》卷三十三，CBETA，T22，no.1425，p. 0493b16。

当时跋耆比丘僧团内部也有赞成十事非法或至少认为求金银非法的人。那么其他那些坚持十事可行的比丘呢？被上座长老判为非法的跋耆比丘及其支持者，另行召集了一万人进行结集，史称"大合诵"。《岛王统史》以批判的口吻提到：①

> 彼等于某处所辑录之经移至其他之处，于五部破坏法、义。比丘等于异门说、无异门说、了义、不了义亦皆不分辨，彼等从佛陀密意所说，放置于余处，彼等诸比丘，于文中失去众多之〔真〕义。彼等弃一部甚深之经、律而作类似奇异之经、律。

也就是说，另行结集且人数占大多数的跋耆比丘，不仅仅只是否认十事非法，更进一步重新改订原有的经、律。新的经典的产生为新生派系的成熟与发展奠定了基础。材料中提到的"奇异之经、律"或许是指该类经典包含更多的神异叙事，这也符合部分后出佛典的发展趋势。

行笔至此，或许可以说，七百结集造成的上座部与大众部的根本分裂，原则上未必是佛教教团东西部的分裂，而是基于十事是否如法而形成的分裂，包括了东方跋耆比丘自己内部的分裂（参加七百结集的跋耆族比丘可能更倾向于十事非法，而参与大合诵的跋耆比丘则反对十事非法）。将东方派等同于赞成"十事"或戒律松弛、

---

① 《岛王统史》卷五，CBETA，N65，no.0032，p. 0032a02。

西方派视为反对"十事"或戒律严格似有脸谱化之嫌。不论何地，年轻比丘更可能倾向于东方多数派的激进主义，这又牵涉到比丘代际之间的差异。从人数上看，七百结集与万人的大合诵相差悬殊，后者因人数众多后来逐渐被称为大众部，但此时（"根本分裂"）距离佛教僧团形成有鲜明特色的部派，还需要一定的时间。

五、因律而起的教团间隙

佛陀悟道后，在鹿野苑初转法轮，招收憍陈如等五位弟子组成最初的僧团，至其入灭，共说法四十五年，期间，僧团的人数也不断增长。虽然随犯而制的戒条日渐增多，然而随着人数的增加，情况也愈发复杂。在佛陀晚年，其堂兄弟提婆达多便发起了一次分裂僧团的运动。

在这一事件里，值得关注的是提婆达多的分裂活动从一开始就涉及了对教法与戒律的不同解释，如《摩诃僧祇律》卷七所记：

> 佛住王舍城，广说如上。是时提婆达多欲破和合僧故勤方便执持破僧事，于十二修多罗、戒序、四波罗夷、十三僧伽婆尸沙、二不定法、三十尼萨耆波夜提、九十二波夜提、四波罗提提舍尼、众学法、七灭诤法、随顺法，不制者制、已制者便开，乃至在家出家共行法，所谓九部经：修多罗、祇夜、授记、伽陀、优陀那、如是语经、本生经、方广、未曾有法，于此九部经更作异句、异字、异味、异义，各各异文辞说，自诵

习持亦教他诵持。①

佛住世时，还没有诸如十二修多罗或九部经之类的典籍，此处应是后来的附会，但有关提婆达多随意更改佛陀的教法和戒律，"已制者便开，乃至在家出家共行法"，可能是历史事实。参与提婆达多分裂活动的除了六群比丘之外，还有前文提到的，五百位来自毗舍离的跋耆比丘。提婆达多曾因"五事"的看法不同，带领五百跋耆新比丘离开僧团，到王舍城的伽耶山中另立山头，舍弃佛陀所说的戒律而行自己所作之戒②。一方面，从佛教僧团的角度看，提婆达多的支持者多半戒律松弛，如广律里提到有追随提婆达多的比丘尼穿着不得体、立于酤酒店铺甚至在男人面前入浴，受到佛陀的呵斥③；另一方面，提婆达多与佛陀分裂的一个关键的点是前者提倡颇具苦行色彩的"五事"，而佛陀是明确反对苦行和纵欲两个极端的。所谓"五事"，广律中记载：

> 当于僧申明五法，应尽寿持：一、不食盐；二、不食酥乳；三、不食鱼肉，若食善法不生；四、乞食，若受他请善法不生；五、春夏八月日露坐，冬四月日住于草庵，若受人屋舍善法不生。此摩竭鸯伽二国人皆信乐苦行，我等行此五法，从

---

① 《摩诃僧祇律》卷七，CBETA，T22，no.1425，p. 0281c12。
② 《四分律》卷四十六，CBETA，T22，no.1428。
③ 《十诵律》卷四十，CBETA，T23，no.1435。

者必多，足以破之。^①

《铜鍱律》中的"五事"与此描述有所出入：

> 尊师！世尊以种种方便赞叹少欲知足、制欲、头陀行、乐住、灭漏、精进。世尊！此五法以种种方便成为少欲知足、制欲、头陀行、乐住、灭漏、精进之胜法也。愿世尊：诸比丘尽形寿应为住兰若者，至村落者罪。〔比丘〕尽形寿应为乞食者，受请食者罪。〔比丘〕尽形寿应为着粪扫衣者，受居士衣者罪。尽形寿应为树下住者，住屋者罪。尽形寿应不食鱼肉，食鱼肉者罪。^②

对于提婆达多的"五事"，不同广律的记载有差异，也可能"五事"只是一个虚数，佛教文本里特别喜欢"三""五""十"之类的数字作为归纳要点的标注，实践中，提婆达多提倡的苦行要求可能不止五条，或者不同时期，"五事"的要求有所变化。针对提婆达多的"五事"，佛陀明确提出了自己反对苦行的立场：

> 止！提婆达多！欲住兰若者应住兰若，欲住村落者应住村落，欲乞食者应乞食，欲受请食者应受请食，欲以着粪扫衣者应着粪扫衣，欲受居士衣者应受之。提婆达多！我许八个月住树下，亦〔许〕不见、不闻、不疑之三清净鱼肉。^③

---

① 《五分律》卷二十五，CBETA，T22，no.1421，p. 0164a20。
② 《经分别》卷二，CBETA，N01，no.0001，p. 0238a14–0239a11。
③ 《经分别》卷二，CBETA，N01，no.0001，p. 0239a14。

对于苦行"五事"的争论成为提婆达多最终分裂僧团的动因。甚至到了公元7世纪玄奘法师游学印度之时，还能感受到当年提婆达多"五事"的影响。玄奘在其《大唐西域记》中提到，其途径羯罗挐苏伐剌那国时，见"天祠五十余所，异道寔多。别有三伽蓝，不食奶酪，遵提婆达多遗训也"①。由此可见，对于宗教团体和修行者而言，一些看似细枝末节基于日常生活的宗教禁忌、戒律，往往和重要教理一样为教徒所看重，成为教团内部争论的焦点甚至成为教团分裂的原因。

佛陀入灭荼毗之后，大迦叶召集五百阿罗汉，在王舍城的七叶窟举行第一次结集。大迦叶曾向众阿罗汉自述召集此次集会的原因：

> 昔吾从波旬国，向拘夷城；二国中间，闻佛世尊已般泥洹，我时中心迷乱，不能自摄。诸聚落比丘、比丘尼、优婆塞、优婆夷，或躄、或踊，宛转于地，莫不哀号，叹速、叹疾：世间空虚，世间眼灭！时跋难陀先游于彼，止众人言：彼长老常言："应行是，不应行是；应学是，不应学是"。我等于今，始脱此苦！任意所为，无复拘碍。何为相与，而共啼哭？吾闻其语，倍复忧毒，佛虽泥洹，比尼现在，应同勗勉共结集之；勿令跋难陀等别立眷属，以破正法。②

"应行是，不应行是"说的便是有关佛陀制定的戒律。对佛陀

---

① 《大唐西域记》卷十，CBETA，T51，no.2087，p. 0928a17。
② 《五分律》卷三十，CBETA，T22，no.1421，p. 0190b17。

入灭后僧团戒律松弛可能引发的严重后果，大迦叶有深刻的危机感。因此，在佛陀入般涅槃后的第一个雨安居，作为大弟子的他便急急忙忙召集了佛教僧团历史上的第一次结集。《五分律》载："集比尼法时，长老阿若憍陈如为第一上座，富兰那为第二上座，昙弥为第三上座，陀婆迦叶为第四上座，跋陀迦叶为第五上座，大迦叶为第六上座，优波离为第七上座，阿那律为第八上座，凡五百阿罗汉不多不少，是故名为五百集法。"如果此记述是正确的话，可能排序的原则为僧腊，大迦叶作为召集人和主持者，影响力最大。富兰那应该是会议中途才从南部地区率众赶到的。会上，大迦叶为上座，阿难诵出经法，优波离诵出律法。然而，以大迦叶、优波离为一方，阿难为另一方，就戒律方面的问题引起了争论。

当时，优波离先诵完戒律集为比尼藏（律藏），接着由阿难诵出其他佛陀教法，集为修多罗藏（经藏）。经、律二藏集结完成之后，大迦叶总结道："我等已集法竟，从今已后，佛所不制，不应妄制；若已制，不得有违。如佛所教，应谨学之。"阿难对此表示异议，说他听到佛陀亲口说"小小戒"可以舍去，并就此与大迦叶展开了争论，《五分律》中记录如下：

> 阿难复白迦叶言：我亲从佛闻："吾般泥洹后，若欲除小小戒，听除"。迦叶即问：汝欲以何为小小戒？答言：不知！又问：何故不知？答言：不问世尊。又问：何故不问？答言：时佛身痛，恐以恼乱。迦叶诘言：汝不问此义，犯突吉罗。应

自见罪悔过！ [①]

在上述争论中，阿难实话实说，大迦叶则步步紧逼，最终，虽然没有否认佛陀说过小小戒可舍，但什么是小小戒，阿难没有询问清楚，佛陀也已经入灭，因此无法得知。此番对话使大迦叶往昔对于阿难的不满在此刻完全爆发，一连质疑了阿难五方面的错误，使得阿难不得不在众僧面前做"突吉罗"悔过 [②]。之后，大迦叶进一步分析了阿难提出的关于小小戒的问题，逻辑鲜明地指出，

> 若我等以众学法为小小戒，余比丘便言，至四波罗提提舍尼，亦是小小戒；若我等以至四波罗提提舍尼为小小戒，余比丘便复言，至波逸提亦是小小戒；若我等以至波逸提为小小戒，余比丘便复言，至尼萨耆波逸提，亦是小小戒。俄成四种，何可得定？迦叶复言：若我等不知小小戒相，而妄除者，诸外道辈当作是语：沙门释子其法如烟，师在之时，所制皆行；般泥洹后，不肯复学。 [③]

大迦叶的思路十分明晰：既然我们不知道佛陀所说的小小戒是什么，如果我们听任僧众各自舍弃小小戒，那么不同的人对小小戒有不同的看法，有些人甚至可能认为诸如"波逸提"这样的重罪所规制的对象也是小小戒，那么整个戒律体系就会崩溃，外人便会讥

---

① 《五分律》卷三十，CBETA，T22，no.1421，p. 0191b03。
② 在《摩诃僧祇律》中，叱责阿难的是优波离。
③ 《五分律》卷三十，CBETA，T22，no.1421，p. 0191c07。

笑佛弟子于佛涅槃后不再持戒学法。因此，大迦叶再次肯定其明确的立场："我等已集法竟，若佛所不制，不应妄制；若已制，不得有违。如佛所教，应谨学之。"①关于佛陀小小戒可舍的论述，《长阿含经》中亦有记载："佛言：'当自捡心。阿难！汝谓佛灭度后，无复覆护，失所持耶？勿造斯观。我成佛来所说经戒，即是汝护，是汝所持。阿难！自今日始，听诸比丘舍小小戒，上下相呼，当顺礼度，斯则出家敬顺之法'。"在此，佛陀同时表达了以经戒为师和小小戒可舍两层意思②。

依照现存律典，小小戒也要受持，不然就是非法③。即使是大众部的律典，《摩诃僧祇律》亦将"别众食乃至受金银"视为触犯"小小戒"④，必须要表示悔改并发誓不更犯戒，否则可能导致严重后果，如广律中所载：⑤

> 若弟子犯小小戒、别众食、处处食、女人同屋、未受具足人过三宿、截生草、不净菜食，应教言：莫作是。若言：和上、阿阇梨！我更不作。者善。若言：和上、阿阇梨但自教，教他为？若如是者，应语知床褥人夺床褥、知食人断食。

---

① 关于上述第一次结集的经过，整理、引用自《五分律》卷三十，《大正藏》第22册No.1421。

② 《长阿含经》卷四，CBETA，T01，no.0001，p.0026a25。

③ 释印顺：《初期大乘佛教之起源与开展》，北京：中华书局2011年版，第273页。

④ 《摩诃僧祇律》卷二十四，CBETA，T22，no.1425，p.0424c18。

⑤ 《五分律》卷二十二，CBETA，T22，no.1421，p.0153a14。

虽然目前公认的佛教圣典源头一般上推至大迦叶、优波离、阿难共同参与的五百阿罗汉在王舍城七叶窟结集的经律二藏，但当时各地庞大而分散的教团似乎很难真正做到统一。七叶窟版的经律是否能够成为各地僧团公认的标准尚未可知，甚至在当时口口相传的条件下，在空间与时间上的传递就意味着重新进行删减与编辑。事实上，僧团内部对大迦叶和优波离版的律藏并未取得一致赞同，律藏结集结束后，在南方地区弘化的富兰那长老率众赶到王舍城，在听了大迦叶复述的律藏之后当场就提出了异议：[①]

> 富兰那语迦叶言：我亲从佛闻，内宿、内熟、自熟、自持食、从人受、自取果食、就池水受、无净人净果除核食之。迦叶答言：大德！此七条者，佛在毗舍离，时世饥馑乞食难得，故权听之。后即于彼还更制四，至舍卫城复还制三。富兰那言：世尊不应制已还听，听已还制。迦叶答言：佛是法主，于法自在。制已还听，听已还制，有何等咎？富兰那言：我忍余事，于此七条不能行之！

佛陀在毗舍离饥荒的时候废除了关于饮食方面的七条规定[②]，大迦叶认为这是佛陀对机的权宜之规定，事后佛陀又重新禁止了此七条。富兰那在饥荒之后去别处弘化，未跟随佛陀所在的核心僧团，富兰那僧团可能就一直延续了废止七条规定的传统，因此他向大迦

---

① 《五分律》卷三十，CBETA，T22，no.1421，p. 0191c19。
② 《四分律》卷五十四也对此事有记载，但提到的是"八事"，多一条"早起受食"。

叶表示，其他戒律都能遵守，唯有这七条不行。当然，大迦叶认为，佛陀是"于法自在"的法主，戒条反复的制废都是以如法净行为原则而同时考虑现实权宜，并未任何不妥。但佛陀入灭后，既然要以法为师，则"若佛所不制，不应妄制；若已制，不得有违。如佛所教，应谨学之"。后世部派佛教曾就是否佛在僧数或者阿罗汉是否达到佛的境界两个问题有过争论，从大迦叶的立场来看，他对这两个问题的答案似乎是否定的。出席结集的都是已取得很高成就的大阿罗汉，然而大迦叶认为，包括他自己在内，大家依然没有统一的标准去定夺什么是佛陀所说的"小小戒"，所以，只能严格遵照佛陀入灭前最后留下的教法与律法。依照广律里的叙述，富兰那之后应该仍旧按照自己僧团的传统行事，可能并未完全严格奉持七叶窟版的律藏。印顺法师认为，富兰那的主张正体现了僧团内小小戒可舍的原则。但果真如此吗？按理，僧团内一定有僧众是支持小小戒可舍的，但就富兰那长老的具体案例而言，我们可以先看《铜鍱律》中的记载：①

> 至王舍城竹林迦兰陀迦园诸长老比丘处。至已，与诸长老比丘相俱问讯而坐于一面。于一面坐时，诸长老比丘言具寿富兰那：友！富兰那！诸长老结集法与律，受此结集！诸友！结集法与律虽善，然而，我如世尊现前时所闻、所受而受持。

---

① 南传《犍度》卷二十一，CBETA，N04，no.0002，p. 0387a10。

富兰那虽未一直跟随佛陀，但还是坚持遵照佛陀在世时，自己亲耳所听的教法和戒律，即使大迦叶已经告诉他，当年有些佛陀所制的权宜方便事后已经更改。因此，富兰那本身作为上座，并没有同意戒律的松弛，他坚持不行"七条"是因为它不是自己从佛亲耳所闻，而不是小小戒可舍原则的应用！但无论如何，有一点是可以肯定的，僧团内不同团体，甚至上座长老们内部对于初次结集的律藏从一开始就未形成统一意见。

比较传统四律和锡兰传共五部律典关于第一次结集（五百结集）的记录，有几个细节值得关注：

《十诵律》《四分律》《五分律》《铜鍱律》均是先由优波离诵出律藏，再由阿难诵出经藏，《摩诃僧祇律》的记载则是先集法（经）藏，再集毗尼（律）藏，似乎暗示了相对于上座部重律，大众部重法的传统。《十诵律》的记载还在经律二藏之外别立阿毗昙藏，显示了说一切有部重论的特点。五百结集大会上，头陀第一的大迦叶、持律第一的优波离和多闻第一的阿难均位列佛陀的十大弟子①。印顺法师认为，阿难是"律重根本"的"重法系"代表，而大迦叶与优波离是戒律"轻重等持"的"重律系"代表。百年后毗舍离的第二

①　佛经中十大弟子的总结意在激励人们追随佛陀及其弟子们所特出的优秀品格，诸如持戒、多闻、头陀行、智慧等等，犹如代表了大智、大行、大愿的大乘菩萨们。如果对佛陀弟子进行脸谱化解读，就可能过滤了许多历史的细节。

次结集，重法系与重律系的间隙演变为东方与西方比丘的对立①。然而，撇开《楞严经》②中有关阿难与摩登伽女之传说的暗示，阿难果真代表了重法系且其精神为后来戒律激进派的东方比丘所传承吗？要回答这个问题，需要先看师承的系谱。

关于第二次结集，《僧祇律》与其他四部律的记载十分不同，前文已述，在此不再重复。但值得注意的是，《僧祇律》里提到的七百结集（仅结集了律藏）之首座是摩偷罗国的陀娑婆罗长老，但此人不在其他几部广律里所提及的集会上推举的八大上座之列。依照《僧祇律》记载，陀娑婆罗是优波离的弟子③，而且《僧祇律》里呵斥阿难的是优婆离，但依据其他几部广律所载，在会上公开叱责阿难的是大迦叶。这几个细节或许暗示了被普遍判为大众部的《摩诃僧祇律》与优波离一脉有较深的渊源。

与此相对，"十事非法"与第二次结集中起关键作用的诸多长老几乎都是阿难的直接弟子。根据《佛祖统纪》《阿育王传》和《付法藏因缘传》等北传资料，佛陀入灭后法脉的传承是大迦叶传阿

---

① 释印顺：《初期大乘佛教之起源与开展》，北京：中华书局2011年版，第276–281页。

② 学界有不少质疑《楞严经》为"伪经"的论述，但并不影响本书多处对《楞严经》的引用，因为该经总体上反映了大乘佛教的相关思想观念。

③ 《僧祇律》卷三十二，说到三藏经律论是从哪里而来的问题，作者答道："佛有无量智慧，为饶益诸众生故授优波离。优波离授陀娑婆罗，陀娑婆罗授树提陀娑，树提陀娑如是乃至授尊者道力，道力授我及余人。"CBETA，T22，no.1425，p. 0492c17。

难，阿难传商那和修（离婆多）①，商那和修传优波毱多，其中还有从阿难旁出的末田地，是阿难入灭前的弟子。大迦叶与阿难之间是同门而非师徒关系，因此，采用的是以法付嘱的形式②。包括被视为传承佛法正脉的离婆多在内，七百结集的八大长老中有六位是阿难的弟子，此外，跟随耶舍张老去见三浮陀长老的一百二十波利邑比丘亦是阿难的弟子，其中有六十位是头陀行者③，他们都是支持严格持律的保守一派。阿难在佛陀的大弟子中，年纪较轻，本身寿命也较长，因此，在佛灭百年后，仍然住世的阿难弟子们作为佛陀的再传弟子，应该是辈分最高的上座。在佛教传统戒律保持与传承问题上，阿难的弟子们做出了极重要的贡献。此外，一般认为，大迦叶、优婆离就持戒问题向阿难的责难体现了双方对于持戒标准的不同看法。但根据广律的文本仔细推敲，阿难提出佛陀曾说小小戒可舍，未必是他真的认为需要舍除细微的戒律，或许阿难看重的只是如实地传达佛陀的嘱咐，未必像大迦叶那样全盘考虑了小小戒可舍对于整个僧团可能的影响。在回答大迦叶的责问，为什么不向佛陀

---

① 商那和修即是离婆多，全名离婆多·商那和修。参见［日］平川彰：《印度佛教史》，贵阳：贵州大学出版社2013年版，第87页。

② 《付法藏因缘传》卷二载："摩诃迦叶垂涅槃时。以最胜法付嘱阿难。而作是言。长老当知。昔婆伽婆以法付我。我年老朽将欲涅槃。世间胜眼今欲相付。"CBETA，T50，no.2058，p. 0301a23。

③ 这六十位波利邑比丘"是阿练若，三衣、乞食、粪扫衣、常坐、露地坐，具足三明六通"，阿难的弟子中有如此精进的头陀行者，是否是被视为头陀第一的大迦叶付法阿难的佐证呢？当然，我们不能先入为主地认为所有的徒弟只能修学师父最擅长的法门。

问清楚什么是小小戒时，阿难除了回答由于佛陀即将入灭而内心愁闷之外，《十诵律》还提到："阿难答言：'我不轻戒故不问。'"可见，阿难自身的立场并非觉得小小戒可舍，从第二次结集阿难众弟子们的表现也可以看出，阿难系也是十分注重护持戒律的。

六、释迦牟尼入灭年代、根本分裂的时间与南传法统的系谱

关于释迦牟尼入灭的年代，据说传统的说法就有六十种[①]，最早的可追溯到公元前11世纪，即唐代释法琳在《破邪论》所说的："周书异记云：周昭王即位二十四年甲寅岁四月八日"，"佛初生王宫也"[②]。当前学界论证的说法，比较流行的一是公元前5世纪的80年代，另一个是公元前4世纪的80年代。不少日本学者支持后者，但世界范围内看，前说更流行，中国学者也多将前说视为正统。还有一些学者认为佛入灭在阿育王灌顶前160年，也即公元前430年左右，国内如印顺法师就支持此观点。

中国佛教界的主流观点，释迦牟尼于公元前486年入灭，是由吕澂先生提出的。他所依凭的是"众圣点记"的资料。隋代开皇年间的《历代三宝纪》卷十一里《善见毗婆沙律》条记载：[③]

> 佛涅槃后优波离既结集律藏讫。即于其年七月十五日受自

---

① 吕澂：《印度佛学源流略讲》，上海：上海人民出版社2005年版，第4页。
② 《破邪记》卷一，CBETA，T52，no.2109，p. 0478b06。
③ 《历代三宝记》卷十一，CBETA，T49，no.2034，p. 0095b19。

恣竟。以香华供养律藏。便下一点置律藏前。年年如是。优波离欲涅槃持付弟子陀写俱。陀写俱欲涅槃付弟子须俱。须俱欲涅槃付弟子悉伽婆。悉伽婆欲涅槃付弟子目捷连子帝须。目捷连子帝须欲涅槃付弟子旃陀跋阇。如是师师相付至今三藏法师。三藏法师将律藏至广州临上。舶反还去。以律藏付弟子僧伽跋陀罗。罗以永明六年共沙门僧猗。于广州竹林寺译出此善见毗婆沙。因共安居。以永明七年庚午岁七月半夜受自恣竟。如前师法。以香华供养律藏讫即下一点。当其年计得九百七十五点。点是一年。

当年是萧齐永明七年（489），共得975点，975-489=486，因此，佛陀入灭的年份为公元前486年。吕澂认为，此年份与南传的佛陀圆寂到阿育王灌顶相距218年的版本相符。阿育王灌顶年代为公元前271-268，是有考古的确切证据的。

笔者认为，"众圣点记"的说法并不可靠。佛入般涅槃之后的第一次结集只是口诵，并没有写下文本，直到公元前一世纪佛教三藏典籍才第一次有了写本。从一开始就有写本，然后每年写上一点的传说并不可信，很可能是后人从某个时期（至少公元后）开始才实施"点记"的，在此之前的点数，因为是南传的系统，所以根据218年的说法予以补齐，其年代自然与阿育王石刻法敕上的说法相合。至于218年的说法本身，如下文所论证，也是不可能的。因此公元前486年佛陀入灭的说法从目前的史料来看没有有力的证据。

（一）从五代"律之上首"的时间节点推算佛陀入灭的年代

造成根本分裂的七百结集，时间在佛入灭后百年，对十事非法乃至其他戒律的不同看法导致了上座部与大众部的分裂。要搞清楚佛陀入灭的具体年份，必须先厘清佛陀以下直至阿育王时期的法统传承。

关于法脉的传承，如本书上一节所述，根据《佛祖统纪》《阿育王传》和《付法藏因缘传》等北传资料，佛陀入灭后法脉的传承是大迦叶传阿难，阿难传商那和修（离婆多），商那和修传优波毱多，其中还有从阿难旁出的末田地，是阿难入灭前的弟子。南传律藏《附随》卷一、《善见律毗婆沙》卷二和《岛王统史》卷四提到了与上述北传法脉不同的另一个版本：佛陀以下分别是优波离、提沙迦（驮索迦）、苏那迦（须那拘）、悉伽婆、目犍连子帝须。七百结集发生于须那拘住世之时，当时其嫡传弟子悉伽婆已授具足戒，而目犍连子帝须则与阿育王是同时代的人。因此，《佛祖统纪》《阿育王传》和《付法藏因缘传》等北传资料记述的是大迦叶、阿难一系的传承，而南传记载了优波离一系的脉络。前者记述的是法的传承，后者记述的是律的传承，各长老都是"律之上首"。然而，如前所述，《磨合僧祇律》里记载了优波离系的另一条法脉，即优波离传陀娑婆罗。依照《岛王统史》卷五的记载，佛陀入灭后，优波离长老还住世传授戒律三十年而入涅槃。因此，陀娑婆罗当是优波离晚年的弟子，且七百结集时已90岁左右，可能比阿难的直传弟

子们都年长。可见，见于记载的优波离法脉传承有两个系统，其中
优波离的三传弟子悉伽婆当时并未参与"十事非法"的争论和七百
结集，而依照《僧祇律》，陀娑婆罗则是七百结集的首席上座。总之，
《僧祇律》很可能传承自优波离系统的事实或许暗示了优婆离一系
与后世大众部的渊源。

按照《岛王统史》的说法，阿育王继位时目犍连子帝须长老为
60岁[1]，而一般认为阿育王在位年代为公元前268-232[2]，则目犍
连子出生于公元前四世纪二十年代。目犍连子的师父悉伽婆于过世前
的12年即64岁时为弟子授具足戒[3]，后悉伽婆涅槃前"令青年目犍
连子帝须为律之上首"。《岛王统史》里还有两段关于法统传承者精
确年龄的记载：[4]

> 优波离七十四、驮索迦六十四、长老苏那拘六十六、悉伽
> 婆七十六、目犍连子八十（作者按：本文取其86岁的说法）。
> 〔此等是彼等〕由受具足戒〔至涅槃止之〕全〔年数〕。

> 贤者优波离是全生涯为律之上首，长老驮索迦是五十〔

---

① 《岛王统史》里另有一个54岁的说法，本文取60岁说，具体原因见下文分析。

② 具体可参见〔日〕平川彰：《印度佛教史》，贵阳：贵州大学出版社2013年，第99
页。吕澂：《印度佛学源流略讲》，上海：上海人民出版社2005年，第5页。

③ 《岛王统史》卷五："旃陀掘多二年……悉伽婆六十四岁。〔其时〕目犍连子于长老
悉伽婆之处受具足戒……悉伽婆，于有大威光之目犍连子成了律之上首，彼于七十六〔
岁〕而入涅槃。旃陀掘多二十四年之统治，其十四年，悉伽婆般涅槃"。CBETA，T22，
no.1425，p. 0034a13。

④ 《岛王统史》第五章，CBETA，N65，no.0032，p. 0036a14–0037a02。

年〕，苏那拘是四十四〔年〕，悉伽婆是五十五〔年〕，名目犍
连子之〔长老〕是六十八〔年间为上首〕。

以上这段话为我们分析七百结集的具体时间乃至佛陀入灭的
年份提供了宝贵的信息。如果说受具足戒至少年龄已在20岁以上，
那么依照上述材料，则可以得出悉伽婆96岁之后过世，41岁后为
上首；目犍连子帝须100岁之后过世，32岁后为上首。但是，前文
提到的史料明确记载悉伽婆为目犍连子授具足戒时64岁，此后32
年才过世的话，目犍连子得等到50多岁时才能为上首，不但与其
青年就为"律之上首"的记载不符合，而且最终涅槃的年纪必须接
近120岁。显然上述各组数据之间有矛盾之处。

如果换一个角度思考，将"优波离七十四、驮索迦六十四、长
老苏那拘六十六、悉伽婆七十六、目犍连子八十"的记载视为长
老们的实际寿命[①]，则四位长老升为首座的年纪分别是驮索迦14岁、
苏那拘22岁、悉伽婆21岁、目犍连子12岁。20岁才能授具足戒，
作为"律之上首"按理也必须持具足戒才说得过去。因此，四位长
老里，驮索迦与目犍连子的数字显然不合情理。所以，我们只能忽

---

① 之所以这样考虑是因为《岛王统史》卷五明确说道，"驮索迦顺次令弟子长老苏那
拘为律之上首，于六十四〔岁〕而涅槃。六通具足之苏那拘，令圣之后裔悉伽婆为律之
上首，于六十六〔岁〕而涅槃。如是智慧具足之悉伽婆，令青年目犍连子为律之上首，
于七十六〔岁〕而涅槃。又目犍连子帝须，令弟子摩晒陀为律之上首，于八十六〔岁〕
而涅槃"。接下来的一段文字："优波离七十四、驮索迦六十四、长老苏那拘六十六、悉
伽婆七十六、目犍连子八十。〔此等是彼等〕由受具足戒〔至涅槃止之〕全〔年数〕"只
是对这些年岁的含义进行了具体的解释，很可能是后人所添加的。

略"为律之上首"的年数这组数据而仅依照第一组的年龄来推算。如果能够推算出从优婆离到目犍连子五代长老继任上首时的年纪，与他们涅槃时的年龄相减，则能得出他们担任上首的时间长度，再五代相加到阿育王登基的公元前268年，就能大致确定佛陀入灭的时间。这个任务看似难以完成，但《岛王统史》卷四和卷五里还是透露了不少细节，笔者将在下文以此为据对五位长老的年代进行推算。

在估算目犍连子长老的上首任期时，先要搞清楚他的年龄，因为他是五代长老里唯——个年龄记载有出入的。《岛王统史》卷五记载"于法阿育王〔治世〕六年，目犍连子六十六〔岁〕"，但是卷七又说："于〔目犍连子之〕五十四岁法阿育灌顶，于阿育之灌顶后六年〔即〕目犍连子〔长老〕六十〔岁之时〕，摩哂陀于目犍连子之处出家"。由此，《岛王统史》里关于阿育王灌顶时目犍连子的年纪有54岁和60岁两个版本。卷五另一处记载："于阿育王〔治世〕二十六年，名〔长老〕目犍连子辉耀其教，于寿灭而涅槃"。但文中提到涅槃的年龄，既有80岁的，也有86岁的。因此，很难判断哪个版本更准确。不过卷五里有一段话很重要："时悉伽婆六十四岁，波君茶迦王之五十八年，目犍连子，于长老悉伽婆之处受具足戒。于法阿育王〔治世〕六年，目犍连子六十六〔岁〕，闻荼私婆王之四十八〔年〕。"按照目犍连子66岁时是闻荼私婆王48年的记载，目犍连子最晚19岁之前就应该受了具足戒，因为受戒当时是波君荼迦王58年，是先前的君王。戒律规定满20岁才能受具足戒，假如目犍连子提前一、两年受戒，也不至于差太多。假设波君荼迦王58年就是闻荼私婆王元年，那么受具足戒时，目犍连子正好是18或19岁。如果按照阿育王灌顶时目犍连子54岁的版本，波君荼迦王58年时，受具足戒的目犍连子才13岁，显然前一个版本更可靠。由此可知，悉伽婆64岁授目犍连子具足戒，12年后悉伽婆入涅槃，时年31岁的"青年目犍连子为律之上首"，到阿育王登基时，已担任上首29年，为上首54年后于86岁入涅槃。

目犍连子的前任上首是悉伽婆，在确定他的年代之前，先来看一段史料：[①]

> 彼长老须那拘满四十岁时，迦罗阿育〔治世〕十年又半个月波君荼迦十七年间为掠夺者。〔此世代之〕经过十一年又六个月。彼时众中之主长老须那拘已授与悉伽婆与栴陀跋阇具足戒。

> 时世尊灭后〔经过〕百年毗舍离所属之跋者子等于毗舍离宣言十事……

苏（须）那拘长老51岁时为悉伽婆授具足戒，15年后，苏那拘入涅槃，时年至少35岁的悉伽婆升为"律之上首"。76岁入涅槃时，苏那拘长老担任上首不超过41年。

---

① 《岛王统史》卷四，CBETA，N65，no.0032，p.0026a11。

接下来再来看有关苏（须）那拘长老的记录：①

> 由迦尸来具足恭敬之商人须那拘于耆利跋提〔王舍城〕之
> 竹林〔精舍〕于师之教出家。众之上首驮索迦止住于摩揭陀之
> 耆利跋提，〔彼〕三十七岁之时，令须那拘出家。彼名驮索迦
> 贤者之四十五岁，那伽逐写迦之治世十年，盘多〔瓦萨〕王之
> 治世二十年，须那拘于长老驮索迦之前受具足戒。长老驮索迦
> 亦教须那拘九分教，〔彼〕于亲教师之处得〔此〕，〔又教其他〕。
> 驮索迦次第以〔彼〕弟子长老须那拘为律之上首而六十四岁入
> 涅槃。

依照上述记载，驮索迦37岁时令苏那拘出家，45岁时授苏那
拘具足戒，那么，64岁驮索迦入涅槃时，苏那拘已出家27年。苏
那拘出家时是个从迦尸来的商人，年龄应当至少在18岁左右。因此，
苏那拘最早也要等到45岁时才能继承僧团的"律之上首"，迨其66
岁入涅槃之时，最多担任上首21年，是五代长老里任期最短的两
位之一。

最后，关于驮索迦和优波离两位长老的资料：②

> 世间之守护者涅槃后过十六年，时贤者优波离满六十岁。
> 〔其〕阿阇世〔治世〕第二十四年，毗阇耶之〔治世〕第十六
> 〔年〕。〔时〕驮索迦于长老优波离之处受具足戒。称为驮索迦

---

① 《岛王统史》卷四，CBETA，N65，no.0032，p. 0026a05。

② 《岛王统史》卷五，CBETA，N65，no.0032，p. 0035a07。

贤者，正是四十岁。那迦逐写之〔治世〕十年，波君荼迦之二十〔年〕，长老苏那拘于驮索迦之处受具足戒。

......

正觉者般涅槃后，大威光之长老优波离教授律满三十年。彼大慧（优波离）令弟子名长老驮索迦贤者，为律之上首而涅槃。

世间之守护者即指佛陀，其入灭时优波离长老44岁，此后又教授戒律30年而入涅槃，世寿74岁。驮索迦长老40岁的时候，优波离长老为其授具足戒，45岁时为苏那拘授具足戒，中间相差五年。由此可知，驮索迦37岁令苏那拘出家时，还没有授具足戒，自然也不是上首。另一个棘手的问题是，根据记载，驮索迦为苏那拘授具足戒时45岁，国王是"那迦逐写之〔治世〕十年，波君荼迦之二十〔年〕"，优波离60岁时，国王是"阿阇世〔治世〕第二十四年，毗阇耶之〔治世〕第十六〔年〕"，以此推算，驮索迦为苏那拘授具足戒时，至少已经和优波离60岁时隔开了20年，此时，离开优波离74岁入涅槃之时已有至少6年。除去年龄计算时有1岁的误差，如果《岛王统史》这段没有记载错误的话，唯一的可能就是优波离长老60岁那年，毗阇耶王为波君荼迦〔盘多（瓦萨）〕王所代替（所以年号既是毗阇耶王第16年，又可称之为波君荼迦王元年），那么，优波离74岁入涅槃前为驮索迦授具足戒，当年为波君荼迦王继位第15年。五年后，驮索迦45岁时，正好是波君荼迦王20年，则时间上就能说得通。假定事实如此，则驮索迦长老在40岁受具足戒的同年，优波离尊者入涅槃，驮索迦则继承上首，在其64岁入涅槃时，已担任上首24年。

又根据史料，波君荼迦王在位第58年时，悉伽婆正好64岁为目犍连子授具足戒[①]。由此可知，从驮索迦45岁（距离优波离入涅槃5年、佛陀入灭35年）到悉伽婆64岁时，中间相隔38年。那么，从佛陀入灭到目犍连子受具足戒为73年。12年后，悉伽婆入涅槃，青年目犍连子为上首，此时距佛入灭85年。如果按照先前的推算，目犍连子19岁受具足戒，31岁为上首，那么迨其60岁即阿育王登基时，距离佛灭114年。此外，考虑到每次年岁的累加都可能有1年的误差，佛入灭距离阿育王登基的年份当在114±5到6年的范围内。

再依此推算苏那拘和悉伽婆的时间节点。驮索迦40岁升任上首到悉伽婆64岁时，中间经过43年，减去驮索迦24年的任期，苏那拘和悉伽婆的任期加起来有31年（到悉伽婆64岁为止共19年，悉伽婆此后12年于76岁入涅槃）。如果史料里提供的关于苏那拘和悉伽婆的情况能够兼容两人任期之和等于31年的推算，那么上述分析就可以暂定为合理，否则，就必须推翻重来。

驮索迦37岁时令苏那拘出家，后者的年龄当时应该不小于37

---

① 《岛王统史》卷五，CBETA，N65，no.0032，p.0035a07。

岁，苏那拘从出家到继任上首27年，则他继任时的年龄上限是64
岁，下限就是上文中已经分析的45岁，对应的任期为2年到21年
之间。苏那拘长老51岁时为悉伽婆授具足戒，后者年龄当小于或
至少不大于前者。15年后悉伽婆升任上首时年龄的应上下限分别为
66岁和35岁，对应的任期为10–41年。将驮索迦和苏那拘两位长
老的数据相加得到两人上首任期之和的下限是12年，上限是62年。
31年正好在此范围内，因此上文114年左右的推论可暂定为合理。

　　上述推论可以简单归并为下表：

表3　五代"律之上首"的年代推算。

	优波离	驮索迦	苏那拘	悉伽婆	目犍连子
1.年龄/或具足戒到涅槃	74岁	64岁	66岁	76岁	86岁
2.史料记载的为上首时长	全生涯	50岁	44岁	55岁	68岁
3.升上首年纪		40岁	45–64岁	35–66岁	31岁
4.推算的上首任期		24年	2–21年	10–41年	阿育王灌顶为止29年
备注	佛灭后30年入涅槃				60岁=前268–271年

　　其中横向第"1""2"栏为《岛王统史》所记载的数字，"3.升
上首年纪""4.推算的上首任期"栏为笔者推算的数字。

　　在其他典籍里，支持这一推论的材料恰恰有不少：从佛陀入灭
到阿育王时代，《部执异论》所载为"过百年后更十六年"，《十八
部论》说是"佛灭度后百一十六年"。以上是明确标记具体年份的

记载，也就是通常所说的"116年"的版本。描述相对模糊但与此不背的史料更是广为存在：《异部宗轮论》的记载是"百有余年"，持类似百余年的记载还有《阿育王传》卷一、《阿育王经》卷一、《大智度论》卷二、《大唐西域记》卷八、《南海寄归内法传》卷一等①。

相对于116年说，另一个有竞争力的说法是218年说。218年见于记载了优波离一系从佛陀入灭到阿育王时代之间五代传承系谱的《岛王统史》《大王统史》及《善见律毗婆沙》。《岛王统史》卷六开篇就提到"正觉者般涅槃后二百十八年喜见灌顶"，喜见就是阿育王。这个218年怎么来的呢？显然当初该书作者的思路是，佛陀入灭后百年有"十事非法"和七百结集，第二次结集时，有长老预见说118年后阿育王时有比丘目犍连子帝须出家：②

> 〔第二结集时，长老等有如次之豫见：〕当来百十八年，应出现比丘沙门适于〔破斥该时僧伽之分裂〕。由梵界灭没，通晓一切真言之婆罗门种生于人〔界〕中。彼名帝须，通称为目犍连子。悉伽婆与栴陀跋阇，令此青年出家。因此，帝须出家，究〔学〕圣典，破斥异说，树立教〔法〕。其时于巴连弗名阿育王，如法之国增长者导师当统治王国。

从国王、僧人们的名字到整个事件的缘由等种种细节都描述得如此清楚，很可能是后人的附会。由此，"百年"加"百十八年"，

---

① 参见〔日〕平川彰：《印度佛教史》，贵阳：贵州大学出版社2013年版，第96页。
② 《岛王统史》卷五，CBETA，N65，no.0032，p.0033a12。

便是218年的版本。《善见律毗婆沙》也是这个思路，《大王统史》无疑直接参考了《岛王统史》的论述。但是，根据我们上述从优波离到目犍连子五代长老的任期推算，五位长老任期之和取其可能的最大数字，当不超过150年，218年的时间据此完全不可能。至于160年的版本，在佛教典籍里，百六十与百十六是经常会混淆的，如人体三百六十块骨，有时会误写成三百十六。那么116年被误写成160年也有很高的可能性。依照文献，116年为正说的证据十分明显，已有学者对此进行了分析①，不再赘言。综上所述，116年的说法从目前看来，是最有可能的。此外，南传的从第二结集到阿育王历经118年的传说，如果年份没有误传，而把第一次结集说成了第二次结集，那么118年版本就与116年版本相差无几。从《岛王统史》来看，第二次结集的八大长老没有一位是优波离尊者的弟子，与该书所持的优波离系正法传承系谱完全没有关系，那么"第二结集时，长老等有如次之豫见"如此重要的历史事件和如此令人惊叹的神通，为何要算到与自己师承没有关系且名字也没有记下的长老头上？想来此处"第二结集"为"第一结集"之误，也并非不可能。

　　另一个关于年代的问题是，各种版本的记载都是从佛灭到阿育王时代，那么是不是具体到阿育王灌顶的那一年呢？还是出生或一统五印的年份？不少记载是含糊其辞的，如《十八部论》的"王阎

---

① 　参见［日］平川彰：《印度佛教史》，贵阳：贵州大学出版社2013年版，第96页。

浮提匡于天下"[①]；《部执异论》的"王阎浮提，有大白盖覆一天下"[②]；
《善见律毗婆沙》的"阿育王已生世，生已一切阎浮利地靡不降伏，
于佛法中甚笃信极大供养"等等。《岛王统史》卷六倒是明确提到
佛灭218年阿育王灌顶，而且提到"喜见之灌顶时王威表现，彼涨
〔彼〕功德之荣光上下一由旬，统治阎浮洲大王国"[③]。但是《岛王统
史》卷一开篇所说的佛陀"于般涅槃后四个月当有最初之结集。由
此百十八年后有第三结集，为弘布教法，此阎浮洲具威光大功德法
阿育名高之王"。这里明确说了从佛入灭到第三次结集是118年。一
般的认为，这里缺了第二次结集的描述，按照后卷里所说，佛灭后
百年有第二次结集，第二次结集后百一十八年有阿育王时的第三次
结集。当然，也不排除原文就是佛灭后百十八年有第三结集而后
一卷中的百年加百十八年是讹误。由此可见《岛王统史》内部就有
三种说法：一种是218年指从佛灭到阿育王灌顶；第二种218年指
佛灭到第三次结集；第三种118年指佛灭到第三次结集。至于称王
于"阎浮提"或许只是后世记载时对阿育王文治武功的赞叹，而并
不是暗示年代数字是算到他统一五印的确切年份。

综上所述，以116年（或118年）为佛陀入灭到阿育王灌顶（登
基）的时间比较妥当。其后，只要知道阿育王灌顶是哪年，释迦牟

---

① 《十八部论》卷一，CBETA，T49，no.2032，p. 0018a09。
② 《部执异论》卷一，CBETA，T49，no.2033，p. 0020a17。
③ 《岛王统史》卷七，CBETA，N65，no.0032，p. 0040a01。

尼佛入般涅槃的年份就自然知晓了。关于阿育王灌顶的时间由阿育王石刻上的"法敕"可以推算。阿育王登基11年后派人到叙利亚、埃及、马其顿、克莱奈、爱毗劳斯等地中海东部五国去传法，五国的国王名字均有记载，根据可靠史料，该五王同时在位的年份为公元前261到前258年，由此可推算出阿育王灌顶的年代为公元前271—前268年[①]。因此，佛陀入般涅槃的年代当为公元前386—前383年[②]，前后约有±5年的误差。

确定了佛陀入灭的年代为公元前386—383年之后，第一次结集的时间自不用说，第二次结集的年代在此也可一并讨论。

关于第二次结集的时间，有比较明确记载的，如《十诵律》卷六十的"后一百一十岁"，《岛王统史》卷五的"经过最之百年，达第二之百年时"；也有比较模糊的记载，如《四分律》卷五十四和《五分律》卷三十的"后百岁"，或南传《犍度》卷二十二"世尊般涅槃百年"，《毗尼母经》卷四"后一百年"等等。可见，佛灭后百年有七百结集是比较主流的记载。那么，是否可以将此理解为大约佛陀入灭后正好100年左右呢？这需要先考察事件当事人年龄的情况。对此，《五分律》有所记载："尔时论比尼法众，第一上座名一

① 　吕澂：《印度佛学源流略讲》，上海：上海人民出版社2005年版，第5页。
② 　虽然早已有学者得出此结论，如宇井伯寿的公元前386或中村元的公元前383年，但是其他学者仅仅是简单地用116年加上阿育王灌顶的年代得出结论，并无论证。笔者则使用了《岛王统史》详细论证了116年何以可能以及中间从优波离到目犍连子帝须五位尊者的具体年代问题。

切去，百三十六腊；第二上座名离婆多，百二十腊；第三上座名三浮陀、第四上座名耶舍，皆百一十腊"①。该记载显然夸大了与会长老的年龄，这在古代似乎是常见的。甚至直到中国1964年第二次人口普查，笔者在翻阅当年的普查档案时还看到不少老人宣称自己超过150岁，可能古印度也是如此。既然记录不可信，那么只能以他们的身份来推算一个大致范围。按照南北传两方面的材料，当时还有许多佛陀的再传弟子住世，上座部一派的长老多是优波离、阿难、阿那律的直传弟子。优波离长老在佛陀入灭后的三十年也入涅槃了②，时年74岁。他入涅槃当年招收的弟子如果仅20岁，等其80岁的时候，也才佛灭后90年。阿难比优波离小，但可能最多差10岁，阿难最后的年轻弟子在佛灭后90年，也要70岁以上了。考虑到西方长老们为"十事非法"之事在很大范围内四处奔波，鉴于古代的交通条件，他们的年龄除极个别80岁左右，可能大部分是60或70多岁，甚至未满60应该也不奇怪。因此，将此结集时间的上限设定在佛陀入灭后90年比较合理。所谓"后百年"可能只是指佛灭后的第一个百年之内或左右，未必是精确的100年。

《善见律毗婆沙》卷二在说到阿育王时目犍连子帝须所召集的一次结集时（通常视为第三次结集），形容目犍连子"如昔第一大

---

① 《五分律》卷三十，CBETA，T22，no.1421，p. 0194b16。
② 《岛王统史》卷五："正觉者般涅槃后，大威光之长老优波离教授律满三十年。彼大慧（优波离）令弟子名长老驮索迦贤者，为律之上首而涅槃"。

德迦叶集众，亦如第二须那拘集众，出毗尼藏无异"。"迦叶集众"
即佛灭后第四个月雨安居时，大迦叶召集五百大阿罗汉在王舍城七
叶窟所进行的第一次结集，又称五百结集。"第二须那拘"的说法
则有些复杂。此处的"第二"指第二次结集，即上座长老们与跋耆
比丘关于"十事非法"在毗舍离举行的七百结集。《铜鍱律》《十诵律》
《四分律》《五分律》和《岛王统史》里记载的七百结集的八大上座
长老名字都是一致的，可信度较高；而《摩诃僧祇律》里记载的上
座长老是陀娑婆罗，《善见律毗婆沙》里的召集人是须那拘。八大
长老都是阿难和阿那律的弟子，而后两部律里的长老是优波离的弟
子，可见是不同的传承系统，但都是承认第二次结集的。苏那拘主
持第二次结集可信度很小，因为多数史料支持的是八大长老，且里
面没有苏那拘的名字。但《善见律毗婆沙》的作者从优波离到目犍
连子的五代上首长老里选出苏那拘而不是他之前的驮索迦或后面悉
伽婆，可能只是因为苏那拘正好是五人当中中间的那位。如果是苏
那拘的话，第二次结集的时间最早可以推算到佛陀入灭后第54年，
最晚约在第75年（根据前文的五代上首任期表），以在其晚年的可
能性较大，即佛灭后70多年。但无论如何，第二次结集不可能是
在目犍连子任"律之上首"的时候，因此，按照五代上首任期推算，
七百结集当在佛灭后85年之前完成。依照上述的种种推论，第二
次结集的时间应该在佛陀入灭后70到80年左右。也就是公元前四
世纪末，即公元前310年左右，距离阿育王灌顶约40年左右。

第四章　佛教律法的基本特征

一、佛教戒律的本质

佛教的戒律并非为戒而戒，戒定慧三学中，戒是基础，《阿含经》中对此有"堂梯"的比喻：[①]

> 犹去村不远，有楼观堂阁，其中安梯或施十隥，或十二隥，若有人来，求愿欲得升彼堂阁，若不登此梯第一隥上，欲登第二隥者，终无是处；若不登第二隥，欲登第三、四，至升堂阁者，终无是处。诸贤！如是若有比丘犯戒、破戒、缺戒、穿戒、秽戒、黑戒者，欲依戒立戒，以戒为梯，升无上慧堂正法阁者，终无是处。

戒犹如攀登智慧堂阁的阶梯，唯有如法持戒，即依凭戒之梯隥，按次第不断攀升，才能最终登入象征圆满般若智慧的"慧堂正法阁"。为说明持戒在修行过程中的重要性，《根本说一切有部毗奈耶》开篇的"毗奈耶序"提出"佛说三藏教，毗奈耶为首"，并运

---

① 《中阿含经》卷十九，CBETA，T01，no.0026，p. 0553c18。

用了许多譬喻予以说明：①

> 如树根为最，条干由是生；
>
> 佛说律为本，能生诸善法。
>
> 譬如大堤防，瀑流不能越；
>
> 戒法亦如是，能遮于毁禁。
>
> ……
>
> 戒是能安立，如来正法灯；
>
> 离此即便无，安隐涅槃路。
>
> ……
>
> 如地载群生，能长诸卉木；
>
> 律教亦如是，能生诸福智。
>
> ……
>
> 象马若不调，制之以钩策；
>
> 律教亦如是，不调令善顺。
>
> 如城有隍堑，能御诸怨敌；
>
> 律教亦如是，能防于破戒。
>
> 譬如大海水，能漂于死尸；
>
> 律教亦如是，能除诸破戒。

---

① 《根本说一切有部毗奈耶》卷一，CBETA，T23，no.1442，毗奈耶序。《四分律》开头也有一首类似的偈子，只不过所用譬喻有所不同，且下有说明文字言："此偈非是迦叶千众集律时所造，乃是后五部分张各据所传。即是居一众之首者，将欲为众辨释律相故，先偈赞然后说之"。见《四分律》卷一，CBETA，T22，no.1428，p.0568c03。

> 律是法中王，诸佛之导首；
>
> 苾刍喻商旅，此为无价珍。
>
> 破戒逾蛇毒，律如阿伽陀；
>
> 盛壮意难调，以律为辔勒。
>
> 律于善道处，常与作桥梁；
>
> 亦于恶趣海，能与为船栿；
>
> 若行于险路，戒为善导者；
>
> 若升无畏城，以戒为梯隥。

该偈子用了十四个譬喻来说明戒的重要性：它是能生枝条主干的树根、抵挡瀑布流水的堤坝、涅槃路上的正法灯、能生长花卉草木的大地、能调制象马的钩策、能御敌的城壑、法中之王、无价珍宝、阿伽陀药①、调辐意志的辔勒、通往善道的桥梁、恶道大海中的船筏、危险道路上的向导、通向无畏之城的梯隥。"三世诸贤圣"，均是依住于律，由律而修行成道。

各部广律中都提到了佛陀结戒对比丘的十种利益，《四分律》中称之为"十句义"，即"一、摄取于僧，二、令僧欢喜，三、令僧安乐，四、令未信者信，五、已信者令增长，六、难调者令调顺，七、惭愧者得安乐，八、断现在有漏，九、断未来有漏，十、

---

① 阿伽陀药是佛经中常提到的一种灵丹妙药，用来譬喻佛法是能够消除众生烦恼病苦的良方。如《华严经》卷十提到："譬如阿伽陀药，众生见者，众病悉除；菩萨成就如是无量法藏，众生见者烦恼诸病皆悉除愈，于白净法心得自在"。CBETA，T09，no.0278，p.0461c22。

正法得久住"①。其中，第一条是针对于僧团管理的，第二至第九条是为了促进弟子自身修行的，最后一条则是有关佛法流传的。因此，戒律除了作为修行实践的根本，从佛法流布的角度而言，也是关键性的。《四分律》中借舍利弗问法，佛陀回答了诸佛所修梵行佛法何以久住的问题。其中说道，"不结戒亦不说戒。故诸弟子疲厌是以法不久住"②，不结戒、不说法是佛法无法久住的根本原因。戒律并非一开始就成体系。《根有律》中提到，佛陀证悟之后的12年内，声闻弟子们没有过失，佛陀只是粗略地说了"别解脱经"，勉励弟子善于护持身口意的善业，归结起来，就是所谓"诸恶莫作，诸善奉行，自净其心（意），是诸佛教"，或是略说皈依三宝受持"五学处"（五戒），并没有后世所流传的帙卷浩繁的律典③。《四分律》中亦提到，最初比丘中未有犯"有漏法"者，无需制戒。因为当时佛法还未兴盛，信仰的人可能不多，比丘未得在家众的种种"利养"，为数不多的比丘所组成的僧团是为寻求正法而存在，因此无需专门结戒。但随着佛法逐渐流布，许多目的不纯的人也加入僧团，"比丘得名称乃至多财业，便生有漏法。若有漏法生，然后世尊当为结戒"。可见，戒律的逐渐增多、精细化和体系化与佛法的逐渐流行以及僧团的逐步扩大是密切相关的。基于这个原因，戒律的制定，

---

① 《四分律》卷一，CBETA，T22，no.1428，p.0570b29。
② 《四分律》卷一，CBETA，T22，no.1428，p.0569a19。
③ 《根本说一切有部毗奈耶》卷一，CBETA，T23，no.1442，p.0628a14。

释迦牟尼也遵循了随犯而制的原则，意在规范僧团日常行为，以戒为导引促进修行实践。

二、佛教禁戒处罚的分类

汉传佛教虽是大乘系统，然其所持戒律却是传统部派佛教所流传的所谓小乘（声闻）之戒。窥其缘由，一方面，被大乘贬斥为小乘的各部派，往往比大乘派系对传统的戒律要重视得多，所持律典多是从原始佛教时期便已传承的典籍，系统性、条理性和体量都适合作为实践的参照。另一方面，大乘戒律除了专门的戒经，散见于大乘佛经各处，比较缺乏系统性。即使是专门的戒经，其中多为总体原则，具体的实践指导性较弱，在大藏经中，"菩萨戒藏"相对于"声闻律藏"，体量要小很多。因此，从佛法实践与摄取僧团的角度出发，沿用声闻律典是走大乘系统的汉传佛教顺理成章的选择。当然，在这个过程中，是有所取舍的，典型的如律宗开山祖道宣法师对于《四分律》的大乘化解读。在探讨具体的佛教禁戒前，本章先以《四分律》为考察对象，概述佛教声闻律藏的基本特色。

《四分律》共六十卷，分为四分，故名"四分律"。然而此四分并未依照内容来进行区分，可能只是以经卷装订方便而作的拆分。依照其内容，可以分成波罗提木叉、犍度和附随三个部分。《十诵律》《五分律》二部广律与《四分律》基本结构大同小异，相当于南传《铜鍱律》的经分别、犍度和附随三部分。《摩诃僧祇律》的犍度和附随两部分收于"杂诵跋渠法"和"威仪法"中。《根有律》与《十诵律》同出于说一切有部，应有同一源本。现存汉译五十卷的《根本说一切有部苾刍尼毗奈耶》保存了《根有律》的波罗提木叉部分，其他根有律系统的诸多汉译律典则保存了犍度和随附部分，但并不完全，有缺漏。所谓波罗提木叉，即广律中的第一部分，包括了比丘与比丘尼所需要护持的具体戒条，并详述制戒的缘起、定罪的标准、开脱的条件以及所受的惩罚等。从中辑录出的具体戒条的汇总称为"戒本"，即僧团每半月须诵读的文本，受具足戒就是要受持所有这些戒条。有时戒本或戒经也称为波罗提木叉，其实两者是有上述区别的。犍度，即广律中分类解说僧团日常仪式、制度、行为等规范的部分。如《四分律》中，共有"受戒""说戒""安居""自恣""皮革""衣""药""迦絺那衣""拘睒弥""瞻波""呵责""人""覆藏""遮""破僧""灭诤""比丘尼""法""房舍""杂"等二十犍度。随附部分是一些无法放入波罗提木叉和犍度部分，但又与戒律相关的一些内容，如五百结集与七百结集等律藏生成的历史事件等，对研究僧团历史有很高的价值。

戒律中的各类处罚有所谓"五众罪""六聚""七聚""八段""九犯"等说法，然而细究之下，其实主要以波罗夷、僧残、波逸提、提舍尼和突吉罗五等"处罚"来系定罪责，"偷兰遮"则为五等之外第六种依情况而定的"处罚"[1]。

---

[1] 劳政武：《佛教戒律学》，北京：宗教文化出版社，1999年版，第169页。

1.波罗夷

所有罪中最重者，"名为堕法，名为恶法，名断头法，名非沙门法"①，又名"不共住"。所谓波罗夷，于诸智和梵行"退没堕落，无道果分"，于"涅槃退没堕落、无证果分"。犯此法者，不可"发露悔过"②，"譬如断人头不可复起……犯此法者不复成比丘"③。一共有4种波罗夷，分别是：不净行（淫戒）；不与取（盗戒，盗取价值五钱以上④）；杀人或自杀（杀戒）；虚诳妄语（妄语戒，指未得道而言"我"得道）。

2.僧残（僧伽婆尸沙）

所谓"僧残"，"僧"指属于僧人之罪，"残"是说"此罪有残，犹有因缘尚可治，有恃怙，得在僧中求除灭也"⑤。共有13种僧残罪：手淫（方便弄失不净）；心怀淫欲与女人身相触；粗恶淫欲语；与女人求以身供养；在男女之间做媒；比丘自建房，但"有难处"（地点环境不适宜）、"妨处"（空间过小）、"不将余比丘往看指授处所"，且房屋空间过量；有人为比丘建房舍，但"有难处""妨

---

① 《五分律》卷一，CBETA，T22，no.1421，p. 0004c21。
② 《摩诃僧祇律》卷二，CBETA，T22，no.1425，p. 0237b23。
③ 《四分律》卷一，CBETA，T22，no.1428，p. 0192a27。
④ 为何规定五钱，《摩诃僧祇律》卷三中有提到，当时国王的规定是19钱为1单位的罽利沙盘，分1罽利沙盘为四份，盗取的财物若值四分之一单位的罽利沙盘，则按王法罪已致死。因此佛陀随顺当时的国家法律，告诉比丘，"十九故钱名一罽利沙盘，分一罽利沙盘为四分，若盗一分、若一分直，犯波罗夷"。
⑤ 《五分律》卷二，CBETA，T22，no.1421，p. 0010c02。

处"且"不将余比丘往看指授处所";由于瞋恚没有根据地以波罗夷罪诽谤其他比丘;由于瞋恚编造虚假事实以波罗夷罪诽谤其他比丘;欲破坏和合僧三次不听劝告者;甘作破坏和合僧者的同党,三次不听劝告者;"污他家""行恶行"三次不听劝告者;"恶性不受语"(不受如法的劝谏)三次不听劝告者①。犯僧残法者,如有意隐瞒,先"治覆藏罪作白四羯磨"②,按照隐瞒的时间强制施行"波利婆沙"(别住,即不与其他僧共住),之后再在僧中行六日六夜"摩那埵"③。"摩那埵"结束后,次行"阿浮诃那"④,必须在二十位比丘僧中出罪,少一人则不行⑤。

3.波逸提

意译为"堕"⑥,《十诵律》说,"波逸提者,煮烧覆障,若不悔过,能障碍道"⑦。《铜鍱律·随附》言,"令善法堕没,伤圣道,为心愚恶处"⑧。唐代道宣法师对随附总结道:"正量部翻为应功用,三义解之:一罪多轻细难识好毁;二性罪及制罪;三好毁犯者。应作

---

① 《四分律》卷二~卷五。
② 《四分律》卷四十五,CBETA,T22,no.1428,p.0896b26。
③ 《翻译名义集》卷七云:"秦言意喜,前虽自意欢喜,亦生惭愧,亦使众僧欢喜",指在僧众面前发露忏悔。CBETA,T54,no.2131,p.1175a13。
④ 《翻译名义集》卷七云:"善见翻为唤入众羯磨,或名拔除罪根,母论云清净戒生得净解脱",一种为拔罪而召集僧众的仪式。CBETA,T54,no.2131,p.1175a15。
⑤ 《十诵比丘波罗提木叉戒本》,CBETA,T23,no.1436,p.0472b05。
⑥ 《翻译名义集》卷七,CBETA,T54,no.2131,p.1175a25。
⑦ 《十诵律》卷十一,CBETA,T23,no.1435,p.0078a18。
⑧ 《附随》卷八,CBETA,N05,no.0003,p.0237a09。

功用对治勿令滋广。萨婆多云：波罗夜质胝柯翻为应对治，恒须思惟，若犯即觉。上座部云：波质胝柯翻为能烧热，此罪得大叫唤地狱，因时能焦热心，果时能烧然众生。"① 由此可见，波逸提包含了三层意思：于持戒的堕落；及由此引发的障碍正道；以及对此的对治功用。波逸提可进一步分为分为三十舍堕法（尼萨耆波逸提）和九十单堕（单提）法。所谓舍堕，"若犯此堕要先舍财后忏堕罪"②，戒律中"取三十因财事生犯贪慢心，强制舍入僧"。主要是违反关于诸如衣物、饮食、住宿、金钱和药品等生活事宜的规定。单堕则不涉及财物的蓄舍，而是诸如妄语、两舌、与妇女同室宿、与未受具足戒的人共宿至第三夜等行为。

4. 波罗提提舍尼

意译为"向彼悔"，"从对治境以立名"③。犯此罪者应发露忏悔，又名"悔过"④。共4条：比丘从非亲里比丘尼处，若不病而受其食物；比丘受招待时，该处有比丘尼依自己喜好而指示布施，不当场提出异议；无病而在贫穷居士家受食；住在偏远阿兰若处，事先不与檀越说明不在僧加蓝外受食却无病在僧加蓝内受食的⑤。犯此罪者需向僧中一人忏悔。

---

① 《四分律删繁补阙行事钞》卷中，CBETA，T40，no.1804，p. 0046b02。
② 《四分比丘戒本疏》卷下，CBETA，T40，no.1807，p. 0475c27。
③ 《翻译名义集》卷七，CBETA，T54，no.2131，p. 1175b05。
④ 《摩诃僧祇律》卷四十，CBETA，T22，no.1425，p. 0544a29。
⑤ 《四分律》卷十九，CBETA，T22，no.1428，p. 0697c13–0697c27。

5.突吉罗

分为"恶作"与"恶说"，是相对于"百众学法""灭诤法"等细小过错的处罚，只需内心自责并决心改过即可[①]。

6.偷兰遮

指触犯波罗夷和僧残二罪的行为未遂或教唆他人做触犯该二罪的行为，虽亦属重罪，但轻于上述二者。所以《毗尼母经》说偷兰遮是"于粗恶罪边生"，"欲起大事不成"[②]。

此外，按照"罪"的分类，还有关于日常生活一些细节以保持威严仪态的"百众学法"，平息僧团内部纠纷的"灭诤法"以及不定法等。不定法有2种情况：比丘与女子在"屏覆处、障处、可作淫处"单独相处，说"淫欲法"，被在家众发现认罪的，按照实际情况，于波罗夷、僧伽婆尸沙、波逸提中三选一定罪；若比丘与女子在露天空旷处说"粗恶语"（"说淫欲法、赞叹二道好恶"），被信众发现认罪的，在僧伽婆尸沙、波逸提法中二选一。由于就比丘是否"自言所趣向处、自言所到处、自言坐、自言卧"有不同的情况，所以称为"不定法"[③]。整个戒律"罪""罚"的名称可绘制成两张表格。

---

① 劳政武：《佛教戒律学》，第173页。
② 《毗尼母经》卷七，CBETA，T24，no.1463，p. 0843a09。
③ 《四分律》卷五，CBETA，T22，no.1428，p. 0600c21。

表4　《四分律》处罚与章名对照表①

等次	处罚名		罪章名	悔罪名	果报[1]	备注
1	波罗夷		四波罗夷	不可悔	堕焰热地狱92亿1千6百万年	
2	僧残（僧伽婆尸沙）		十三僧残	二十人中悔行别住法	堕大叫地狱23亿4百万年	
			二不定法	（不定）	（不定）	视证实所犯而定罪
3	波逸提	尼萨耆波逸提	三十舍堕	舍物后再向一人忏悔	堕众合地狱1亿4千4百万年	波逸提即"堕"义
		波逸提	九十单堕	向一人忏悔		
4	提舍尼（波罗提提舍尼）		四悔过法	犯后立即向一人悔	堕黑绳地狱3千6百万年	提舍尼即"向彼悔"
5	突吉罗	恶作	百众学法	对自己悔即可（存自责心）	堕等活地狱9百万年	
		恶口	七灭诤法			
不定	偷兰遮			可悔方法未定	堕嗥叫地狱5亿6百万年	

注释：

[1]　此果报出于《四分律行事钞资持记》卷二，《大正藏》第40册No.1805。

　　一切诸戒有四种情况可开戒为不犯，即"狂心、乱心、病坏心、初作"②。另有一种名为"舍戒"，即不再乐于修持佛法，厌倦了出家的生活而想还俗者，舍弃戒律等同于退出僧团。还有一种情况名为"戒羸"，即不乐于修持佛法梵行，留恋在家的生活与世俗世界，但

---

① 　此表引自劳政武：《佛教戒律学》，第171页。
② 　《五分律》卷一，CBETA，T22，no.1421，p. 0005a27。此处"初戒"在《四分律》卷二中作"最初未制戒"。

还未有舍戒行为的，称为"戒羸"①。

表5　波罗提木叉的各种分类②

八　段	五　篇	六　聚	七　聚
四波罗夷	波罗夷	波罗夷	波罗夷
十三僧残（僧伽婆尸沙）	僧残	僧残	僧残
二不定		偷兰遮	偷兰遮
三十舍堕（尼萨耆波逸提）	波逸提	波逸提	波逸提
九十单堕（波逸提）			
四波罗提提舍尼	提舍尼	提舍尼	提舍尼
百众学	突吉罗	突吉罗	突吉罗（恶作）
七灭净			恶说

①　《四分律》卷一，CBETA，T22，no.1428，p. 0570c09。

②　此表格更改自杨曾文：《佛教戒律和唐代的律宗》，《中国文化》第三期，1990年12月，第5–17页。

第五章　佛教中关于"性"的禁忌

当代对于"性"议题的讨论长期以来被西方的文化精英所把持，普通人所熟知的往往是基于西方基督教传统并被19–20世纪医学、精神病学污名化的观点，其影响力远超20世纪中叶后西方人对此问题的反思与批判。

基督教教义将性行为视为道德的基础，关于"性"的法律与宗教态度相辅相成："性"被视为与生俱来的罪恶，是一种危险而具有破坏性的反面力量。只有婚内的、以生殖为目的而非以快感为追求的"性"才能得到救赎①。英国著名社会学家杰佛瑞·威克斯（Jeffrey Weeks）认为，"西方人是基督教传统的继承人，这种传统往往把性看作道德痛苦和冲突的焦点，在灵与肉之间，在精神和身体之间制造了永恒的两重性。它创造了一种既否认肉体又无比迷恋肉体的文化"②。

---

① ［美］葛尔·罗宾：《关于性的思考：性政治学激进理论的笔记》，载《酷儿理论：西方90年代性思潮》，李银河译，时事出版社2000年版第28–29页。

② ［英］杰佛瑞·威克斯：《20世纪的性理论和性观念》，宋文伟、侯萍译，江苏人民出版社2002年版第167页。

中国素来有"万恶淫为首"的说法，在佛教中，则视"性"为洪水猛兽，可以说是障碍修行的首要因素。汉语中"性"字很晚近才用作对应于英语"sex"的翻译，传统上一般在"本质"（nature）的意义上来使用"性"这个词，所以汉译佛典中，与性有关的措辞用得最多的是"淫（婬）"或"淫（婬）欲"。

不过佛经里有些地方提到的"淫"未必是表示"性"。如《长阿含经》和《增一阿含经》里多处提到一旦比丘"三结尽"，"淫""怒""痴"薄，得斯陀含果（"一来世间而般涅槃"）。在一些大乘经典中如《光赞经》《摩诃般若波罗蜜经》等，也是如此表述。但问题在于，持八关斋戒的在家弟子就必须断"淫"，已经达到二果的斯陀含圣者，怎么还会有"淫"呢？关于"三结尽"的论述，在《杂阿含经》中的类似表达是"贪""恚""痴"薄，得斯陀含果。南传《长部》和《大般涅槃经》也用的是"贪"字。原来，在一些经典，特别是早期的经典里，贪和淫往往合为"贪淫"，指放纵的贪婪，贪得无厌之意。如《长阿含经》有如下句子："比丘常当念经，弃贪淫之态""当与心净，不当随心，心欲淫怒痴不得听，常自戒于心"。《法句经》和《大智度论》等也是用"淫怒痴"以表示"贪瞋痴"三毒。由此可见，此处的"淫"是指"贪淫"的"淫"，而非戒律中"邪淫"之"淫"，即《中论》所说的"贪欲有种种名。初名爱次名著次名染次名淫欲"[1]。因此，在这些经典里，"淫"既有

---

[1]　《中论》卷一，CBETA，T30，no.1564，p.0008a15。

"性"（sex）的意思，又可以指"贪"。当然，因为"众生皆贪染心故而受淫欲"①，所以"淫"与"贪"也不是截然分开的。

一、在家弟子的"性"禁忌

厘清了措辞概念，先来考察佛教对于在家人之"性"禁忌的规定。一般佛教四众是指比丘、比丘尼、优婆塞和优婆夷。前两者是出家众，后两者是在家众。如果加上学戒尼（式叉摩那）、沙弥、沙弥尼三类出家众，则合称七众。针对七众的戒律各不相同，所以龙树在《大智度论》中说："云何分别有七众？以有戒故。"②

先以优婆塞为例来看在家众。一般何种人得以皈依佛法僧三宝？《优婆塞戒经》言：笃信因果、苦集灭道四谛，相信于佛法有得道之人，亲近三宝，此人就能皈依③。虽然在家众三皈依的仪式和受戒的仪式是分开的，皈依三宝者未必受戒，但是只有受了在家人的戒，才能真正称得上佛弟子，所谓"出家者五众，受戒者有七众"④。针对在家弟子的不杀生、不偷盗、不邪淫、不妄语和不饮酒五戒，是佛教所有戒律中最最根本的禁戒，《阿含经》中便有优婆塞五戒的记载。五戒可以分别受持，也可以全部受持。受持一戒则为"一分优婆塞"，受持五戒则为"满分优婆塞"。关于为何要受持

① 《成实论》卷七，CBETA，T32，no.1646，p. 0292a01。
② 《大智度论》卷二十二，CBETA，T25，no.1509，p. 0228b29。
③ 《优婆塞戒经》卷六，CBETA，T24，no.1488，p. 1063c07。
④ 《大智度论》卷六十三，CBETA，T25，no.1509，p. 0503b28。

五戒,《优婆塞经》按照佛教的逻辑给出了强有力的解释:

> 众生无边,受苦亦尔,难得人身;虽得人身,难具诸根;
> 虽具诸根,难得信心;虽得信心,难遇善友;虽遇善友,难得
> 自在;虽得自在,诸法无常。我今若造恶业,因是恶业获得二
> 世身心恶报。以是因缘,身、口、意恶即是我怨。设三业恶不
> 得恶报,现在之恶亦不应作;是三恶业、现在能生弊恶色等,
> 死时生悔。以是因缘,我受三归及八斋法,远离一切恶不善
> 业。①

人身难得,佛法难闻,只有依托戒律,才能防非止恶,不堕
恶道,这是皈依优婆塞戒的直接原因。在此基础之上,持戒还有
无量功德,毁坏无量恶法的果报,经说:"若受戒已,当知是人为
诸天人恭敬守护,得大名称,虽遭恶对,心无愁恼,众生亲附,
乐来依止"。可见,受戒之后,从内部而言,可以获得内心的平静
无烦恼,从外部来说,则可以改善人际关系,获得他人的爱戴。
当然,这些都是为了引导一般在家人的世俗原因,说到根本,修
行是为度脱六道轮回之苦,所以,"若人欲度生死大海,应当至心
受持五戒"②。如果说,获得无上般若智慧需要以戒为梯的话,则五
戒是第一个梯隥。

虽然在家戒不如出家戒那样严格,但在出家人看来,由于在家

---

① 《优婆塞戒经》卷六,CBETA,T24,no.1488,p. 1063c07。
② 《优婆塞戒经》卷六,CBETA,T24,no.1488,p. 1064a26。

修行障碍颇多，因此在家戒甚至比出家戒更难受持。如经云："善男子！如佛所说菩萨二种：一者、在家，二者、出家。出家菩萨名为比丘，在家菩萨名优婆塞。出家菩萨持出家戒，是不为难；在家菩萨持在家戒，是乃为难。何以故？在家之人多恶因缘所缠绕故。①"

五戒中有两个戒比较特殊：一个是不邪淫，一个是不饮酒。前四戒是性重，是根本性的，不饮酒是遮重，因为饮酒扰乱人心，使人"惭愧心怀，于三恶道不生怖畏"。出家人必须断除淫欲，不邪淫是专门针对在家人而言的。毕竟在家众有传宗接代等现实的问题，所以前面四戒都是"无作戒"，而唯有"不邪淫"因为爱欲难以断除，所以只将其范围作了限制，但经中依旧提醒在家众，"淫欲缠绵，应当至心慎无放逸"②。

邪淫包括了传统社会中所有非主流的性行为："若于非时、非处、非女、处女、他妇、若属自身，是名邪淫。"③邪淫既会招致现世的果报，也会种下来世恶果的种子。从现世而言，乐于邪淫的人，"不能护自他身，一切众生见皆生疑，所作之事，妄语在先，于一切时常受苦恼，心常散乱，不能修善，喜失财物，所有妻子心不恋慕，寿命短促"，从来世果报来看，沉溺于邪淫之人死后"处在地狱，受恶色力，饥渴长命，无量苦恼，是名后世恶业果报。若得人

---

① 《优婆塞戒经》卷三，CBETA，T24，no.1488，p. 1047a21。
② 《优婆塞戒经》卷六，CBETA，T24，no.1488，p. 1064a26。
③ 《优婆塞戒经》卷六，CBETA，T24，no.1488，p. 1068c13。

身，恶色、恶口，人不喜见，不能守护妻妾男女。是一恶人因缘力故，一切外物不得自在"。《正法念处经》提到，乐行多做邪淫之人，死后堕于饿鬼、畜生和地狱三恶道；若生为人，则"余残果报，妻不随顺"；"若得二根，世间所恶"。是为行邪淫的三种果报。既然邪淫的果报如此可怕，因此，淫秽场所和屠宰场、酒肆、国王舍、旃陀罗舍（盗贼家）等是佛弟子在家众不能去的五个场所。

佛经中针对在家众所说的不邪淫有具体的细节规定，且十分严格。佛教所讲的造业，分成身、口、意三业，其中，意（心）业是根本。对于邪淫而言，亦是如此。所以经说，"优婆塞不应生欲想、欲觉，尚不应生心，何况起欲、恚、痴、结缚根本不净恶业"。《优婆塞五戒相经》中提到了种种邪淫的方式以及其对应罪责的等级[①]：

1.破戒者邪淫的对象有四类：男、女、黄门和二根。所谓黄门是指没有性能力或男根损坏的男子。二根就是现代所谓的阴阳人（同时具有两性的生殖器官）。每个类别之下，都包括了人，非人和畜生三小类。非人是指天人或鬼魅之类的超自然存在，亦属于六道之中。

2."若优婆塞与人女、非人女、畜生女，三处行邪淫，犯不可悔；若人男、非人男、畜生男、黄门、二根，二处行淫，犯不可悔"；若只是有欲望心但没有实行的，犯下可悔；若已经行淫但中

———————

① 《佛说优婆塞五戒相经》卷一，CBETA，T24，no.1476，p.0942c25。

途终止的，犯中可悔。所谓"三处"是指女人的口、阴道与肛门处；
"二处"是指男人的口与肛门处。除去这些地方，在其他地方行淫
皆是可悔的。可见佛教有关性的禁戒与传统社会中身体的禁忌是密
切相关的，生殖器官或者类生殖器官被位列禁忌的第一等级，是重
点防范的对象。世俗身体的最敏感部位对应于宗教戒律惩罚的最重
等级并不是偶然的。

3.受八关斋戒（八支）期间，淫不分正邪，行淫即是犯戒。

4.优婆塞即使没有受戒，但有类似犯戒行为的，虽然没有破戒
之罪名，但其后永远不得受五戒或具足戒。

《正法念处经》对何为邪淫有简单而明了的定义："此邪淫人，
若于自妻，非道而行，或于他妻，道非道行；若于他作，心生随
喜；若设方便，强教他作。是名邪淫。"那么，于邪淫什么是乐行
多作呢？经说：①

> 云何乐行？如是邪淫虽不常行而常憙乐，心意分别，更于
> 余处心不憙乐如淫欲者。如是乐行邪淫境界。

> 云何多作？愚痴凡夫，心不观察，邪淫覆蔽，他复为说邪
> 淫功德第一胜乐，所谓淫欲，言：为此事非是不善。复教多人
> 憙乐淫欲。如是邪淫，愚痴凡夫憙乐多作。如是三种身不善业。

于邪淫乐行多作实为身口意三业具备。心乐于行邪淫，口与他

---

① 《正法念处经》卷一，CBETA，T17，no.0721，p.0005a14。

人言邪淫为不善，身则有三种不善业等。那么，为何有些人特别容易沉溺于淫欲之中呢？经中对此也有阐释：①

> 此邪淫人，心不观察淫欲覆蔽。若人先世淫欲处来，所谓鸳鸯、迦宾阇罗、孔雀、鹦鹉、鱼雉、鹙鸟、阿修罗等，如是处来于此中生，常与多欲不善知识相随共行。如是二分喜乐淫欲，心不观察，心不厌足；不离欲心、不观察行，随有欲处往到其所，以欲处来此欲处生，喜行淫欲，故不观察淫欲所覆。如是邪淫不善之人，触染势力，彼彼憙乐；如是邪淫，复更如是，心喜乐行，乐行如是邪淫恶触。

畜生道的某些动物和阿修罗被认为淫欲炽盛，他们转世为人后，延续了这种状态，这是前世之因。周围亲朋好友圈子里较多的"多欲不善知识"则是助缘。于是因缘具足，导致今世沉溺于淫乐之中，此乃用佛教因果轮回理论来解释为何某些人淫欲较他人炽盛，但并不否认人的主观能动性，不然佛教就变为宿命论了。

既然行邪淫有堕入三恶道等极重的果报，那么如何让邪淫的果报减轻？经说："若邪淫已，专心忏悔，不随喜他，遮他邪淫，示其善道，彼邪淫业不具足满。离邪淫意，修行善戒，如是邪淫得果报少，不决定受。"②也就是有了邪淫的行为之后改邪归正，原来"决定受"的邪淫果报就转为"不决定受"。由因导致的果如果要实现，

① 《正法念处经》卷一，CBETA，T17，no.0721，p. 0005a04。
② 《正法念处经》卷一，CBETA，T17，no.0721，p. 0002c18。

还必须有一定条件来助缘，好比种子的发芽需要适合的土壤、阳光和雨水。如果行邪淫后能够悔改，则虽然因的种子还在，但让其发芽的一系列助缘则均不生起，那么种子就不会生长发芽形成果报，所谓"不决定受"。要做到不邪淫，就要：

> 离邪淫，微细亦舍，乃至见画男女，不生忆念。如是之人不观不念、不味不着，不浊心念，恐犯净行，亦不思惟，不念不善，遮于心过，为他人说邪淫业果以遮其心，令其不喜不爱不乐。此邪淫果不应习近，非寂灭道，不可爱乐，行善之人不应喜乐。为他宣说微细之果，持戒梵行，于微尘恶见之生怖。①

比五戒更进一步的是八关斋戒，在不杀、不盗、不邪淫、不妄语、不饮酒的基础上，八斋更要求受戒者不淫、不坐高大床、不非时食（过午不食）、不香花曼庄严其身，亦不歌舞倡伎，除了"不捉持生像金银宝物"，八关斋戒与沙弥十戒的要求基本相同，对普通人而言可以说是非常高的标准。不过，五戒是尽形寿而持戒的，八关斋戒则一般以一日一夜为单位，可以持一日，也可以持半月，或者每月有六天持八斋戒。《成实论》认为，八斋是通向道法之门，"由此八法离一切恶"。由于普通人多数善法薄弱，如果能持是戒，则可生起五种清净："一行十善道；二前后诸善；三不为恶心所恼；四以忆念守护；五回向涅槃。"②可见，八关斋戒与五戒一样，其终

---

① 《正法念处经》卷五十八，CBETA，T17，no.0721，p.0344a29。
② 《成实论》卷八，CBETA，T32，no.1646，p.0303c05。

极目的在于引导佛弟子成就涅槃和无上般若智慧，由持戒所得的福报只是修行路上的资粮，而非最终目标。八关斋戒相比五戒，对"性"的规定更加严厉，即一切性行为，一切发泄"淫欲"的行为都是禁止的。因为对五戒以上的其他戒律系统而言，淫欲是扰乱清静的心魔，是修行路上的最大障碍，"淫欲障生梵天何况菩提"，因此在佛家看来，必须将之克服。

总体而言，佛教对于在家众合规的性行为定义得非常严苛。几乎所有文化对于"好的"性行为和"坏的"性行为之间都有一条想象中的界线，正如葛尔·罗宾（Gayle Rubin）所言，"大多数的性话语，无论是宗教的、精神病学的、大众文化的还是政治的，总是将人类性能力中非常小的一部分划分为神圣的、安全的、健康的、成熟的、合法的或政治上正确的"①。

二、出家人的"性"禁忌

《大智度论》曰，"若离福德，人与畜生同行三事；三事者：淫欲、饮食（贪味）、战斗（瞋恚）"②。其中，对于人的色身而言，淫欲并非如同饮食般必不可少，如果放纵不羁，则与畜生无异。而相比瞋恚，淫欲又是造成生死轮转的更为根本性的原因，因此佛家特

---

① ［美］葛尔·罗宾：《关于性的思考：性政治学激进理论的笔记》，载《酷儿理论：西方90年代性思潮》，李银河译，北京：时事出版社2000年版第33页。
② 《大智度论》卷六十一，CBETA，T25，no.1509，p.0487c07。

别在意修行者对"淫欲"的断除。《楞严经》中佛陀向险失戒体的
弟子阿难开示了断除淫欲对于修行人的重要性：

> 若不断淫修禅定者，如蒸沙石欲其成饭，经百千劫祇名热
> 沙。何以故？此非饭本石沙成故。汝以淫身求佛妙果，纵得妙
> 悟皆是淫根，根本成淫，轮转三途必不能出，如来涅槃何路修
> 证？必使淫机身心俱断，断性亦无，于佛菩提斯可希冀。①

不断除淫欲的修行，如同煮沙成饭，就算历经百千万劫也只是
热砂，不但淫身求不到佛果，而且还会在三途（地狱、饿鬼、畜
生）中受苦，连人身都未必能保得住，更不要妄说证果。这可以说
是佛教对于淫欲危害修行的代表性观点。

各部的广律开篇就是针对"淫"的波罗夷罪，且制定针对"不
净行"（淫戒）的波罗夷法源于一位名为"须提那"的比丘。其母
希望儿子能够还俗以继承家里的巨额财产（当时的法律似规定，如
若没有继承人，遗产要没入官府），儿子坚决不肯。于是，母亲教
唆须提那的前妻在月经之期梳妆打扮，至儿子处与其"三行不净"，
最后前妻怀孕得生一个儿子。须提那本是一个"习沙门威仪，无事
不知，触事皆行，亦能转教于人"的优秀比丘。但自从发生此事后，
终日忧愁，最终告诉了其他比丘其行不净之事。事情传至佛陀那边，
佛陀对须提那比丘进行了严厉的叱责，并为所有比丘结戒曰，如果

---

① 《大佛顶如来密因修证了义诸菩萨万行首楞严经》卷六，CBETA，T19，no.0945，
p. 0131c24。

比丘犯淫戒，则获罪波罗夷不共住，等于被驱逐出僧团。

在比丘犯戒的诸多行为中，行淫是最严重的。佛陀对此曾评述道，宁可将"男根"放于毒蛇口中，而不入"女根"中。为什么呢？因为如果比丘犯淫戒，不要说正法修习不成，甚至命终之后堕于三恶道，连人身都保不住。因此，佛教中对于淫欲有诸多比喻，佛陀以方便说"欲如火，如把草炬亦如树果，又如假借、犹如枯骨，亦如段肉、如梦所见、如履锋刃、如新瓦器盛水着于日中、如毒蛇头、如轮转刀、如在尖标、如利戟刺"。①

大乘的菩萨戒以《梵网经》为例，十重戒四十八轻戒中，淫戒在杀和盗之后位列重戒第三，其来源亦是小乘的部派律典。经说，

> 若佛子！自淫、教人淫，乃至一切女人不得故淫。淫因、淫缘、淫法、淫业，乃至畜生女、诸天鬼神女，及非道行淫。而菩萨应生孝顺心，救度一切众生，净法与人，而反更起一切人淫，不择畜生，乃至母女姊妹六亲行淫，无慈悲心者，是菩萨波罗夷罪。②

为什么不净行（淫）为出家人的首要大罪之一？《大智度论》中有所解释："戒律为今世取涅槃故，淫欲虽不恼众生，心系缚故为大罪。以是故，戒律中淫欲为初；白衣不杀戒在前，为求福德故。"③

---

① 《四分律》卷一，CBETA，T22，no.1428，p. 0570a29。
② 《梵网经》卷二，CBETA，T24，no.1484，p. 1004b26。
③ 《大智度论》卷四十六，CBETA，T25，no.1509，p. 0395c04。

可见，在龙树（《大智度论》作者）看来，佛陀制定戒律是为了保证出家修行者今世能得涅槃，淫欲虽不如杀、盗、妄语等恶行那样侵扰到众生，但淫欲本身是一种系缚心意的大烦恼，淫欲不断，则梵行不成，因此，戒律之中，淫欲位列第一。对于在家佛弟子而言，今世可能难以修成正果，但为了求福德往生人天，能够获得好的福报或继续修行，所以与出家人的戒律性质不同，以不杀戒为第一。这种差异充分体现了佛教因人而异，因地制宜，方便说法的特色。

比丘比丘尼戒律中有关行淫细节的规定，譬如人女、非人女、畜生女、人男、非人男、畜生男、黄门二根等以及三处、二处的解释，都与针对优婆塞五戒中的相同。只要是带着淫欲之心而入三处或二处的，均犯波罗夷；如果是为人所逼迫，强令男根入三处的，只要"始入""入已""出时"三个阶段有一个阶段是有快感的，均犯波罗夷；如果是被强迫的情况下，如上所说，"始入""入已""出时"三个阶段有一个阶段有快感就犯波罗夷；如果比丘以"方便求欲行不净行"（指不入三处或二处），"成者"波罗夷，"不成者"偷兰遮；如果比丘教唆其他比丘行不净行，如果被教唆的比丘有所行动，则教唆者犯偷兰遮，没有行动，犯突吉罗；对死尸的不净行，犯偷兰遮。可见，对于是否犯淫戒的根本判定标准是否起心动念，即是否有"淫意"，因此，睡眠无知觉的时候和没有淫意不受乐两种情况是不属于犯戒的。

除了怀"淫意"于女性三处或男性二处行不净行犯波罗夷法，

佛教对出家人还有与"淫"事相关的其他禁戒，但所犯罪责等级不及波罗夷法。

若比丘故意"弄阴失精"（手淫），则犯僧伽婆尸沙（僧残）。如果不失不净（未射精），犯偷兰遮。若教人手淫，若失则犯偷兰遮，不失，突吉罗。教唆除比丘比丘尼之外所有人手淫，均犯突吉罗。在梦中无知觉时以及其他一切不是刻意为之的情况下，出不净则不犯戒。律典有关手淫禁忌的记述里，还谈到当时有持咒术的婆罗门，其所持经典里认为，如果要命终升天，就需要经常"弄阴失精"。

如果比丘心怀淫意，与女人的身体任何部位相触，犯僧伽婆尸沙。"一触一僧伽婆尸沙，随触多少，一一僧伽婆尸沙"。戒律对此还有进一步细化的规定，即如果是女性主动，比丘对身体接触有"欲意染着"的，依然犯僧伽婆尸沙；同样情况下，比丘"欲意染着"以自己身体部位触碰衣物则犯偷兰遮；如果比丘"欲意染着"以自己衣物触碰对方衣物的，犯突吉罗；如果与天女、龙女等超自然存在以及二形身（二根）发生身相触，则偷兰遮；与畜生，犯突吉罗；如果对方女性行跪拜礼足礼仪，触足觉乐但不动身，犯突吉罗。有几种情况下不犯戒：递取物品时相触、嬉笑时相触、解救危难时相触，没有染心时相触。

除了身体之"淫"，言语之"淫"也在规制的范围内。若比丘心怀"淫欲意"，与女子说粗恶的淫欲言语（主要指有关肛门、阴道"二道"的粗俗之语），随其"多少说而了了者，一一僧伽婆尸沙"。

如果未被对方所理解（了了），则犯偷兰遮。除了二道，说其他地方粗俗恶语的，犯偷兰遮。即使向畜生说粗恶语的，也犯突吉罗。

若比丘心怀"淫欲意"在女子面前自叹誉"我修梵行、持戒、精进修善法，可持是淫欲法供养我，如是供养第一最"，犯僧伽婆尸沙。该条僧残法中，相比说"淫欲法"，"自叹誉"更是对治的对象。所谓自叹誉指赞叹自己"身端正好颜色，我是刹帝力、长者、居士、婆罗门种"。如果自叹誉已供养我，不说淫欲的，偷兰遮，若提到淫欲的，犯僧伽婆尸沙。说了使对方明白的，僧伽婆尸沙，不明白的，偷兰遮。除了"二道"之外，要求其他处供养的，偷兰遮。

四波罗夷和十三僧残法中，有关"性"的禁忌就占了5条；在三十舍堕法中，佛陀指出沙门有四患使其"不明、不净、不能有所照亦无威神"。即无法舍弃饮酒、淫欲、手持金银、邪命自活；二不定法也与此禁忌相关。淫欲被包含在许多佛教基础的禁戒组合中，可见佛教对于抑制"淫欲"的重视程度。

对于普通在家人而言，如果其与出家人发生性关系，则不能再出家受具足戒。①

三、天道的"性"

依照佛教的宇宙观，整个世界分成"三界"与"六道"，三界

---

① 《四分律》卷三十四，CBETA，T22，no.1428，p.0811c20。

即欲界、色界、无色界，其中，欲界从下往上又分为地狱、饿鬼、畜生、人、阿修罗和欲界六天等六道（或去掉阿修罗为"五道"）。其中，地狱之中的所有有情皆没有"淫事"，因为"彼有情长时无间多受种种极猛利苦，由此因缘，彼诸有情若男于女不起女欲，若女于男不起男欲，何况展转二二交会"。饿鬼、畜生和人三道则有所依的色身，苦与乐交杂故有淫欲，且男女行淫有"不净"流出①。在人之上的欲界六天还有淫欲法，不过与人间不同。依照《俱舍论》的描述，

> 唯六欲天受妙欲境，于中初二依地居天，形交成淫与人无别，然风气泄热恼便除，非如人间有余不净；夜摩天众缠抱成淫，睹史多天但由执手；乐变化天唯相向笑；他化自在相视成淫。毗婆沙师作如是释六天皆以形交成淫；世施设中说相抱等，但为显彼时量差别。以上诸天欲境转妙贪心转捷故使之然。随彼诸天男女膝上，有童男童女欻尔化生，即说为彼天所生男女。②

欲界六天与其他天界不同，由于属于欲界，因此属于等级较低的天界，此处的天人欲望也较其他处强烈，但毕竟与人不同。从下往上数，前两重天，即四大天王天和忉利天的天人，行淫与人类无异，但没有如同人类的"不净"（分泌物），唯独以风气的形式泄热；第三夜摩天的天人相抱就能"成淫"；兜率天的天人之需"执手"；

---

① 参见《瑜伽师地论》卷五，CBETA，T30，no.1579，p. 0300a23。
② 《阿毗达磨俱舍论》卷十一，CBETA，T29，no.1558，p. 0060b04。

乐化天的天人相视一笑便可；第六层他化自在天的天人只需相互对视。随着各种不同形式的"成淫"，童男童女以忽然化生的方式诞生，成为各该天人所生之子女。为何六天在行淫形式上与欲界其他众生有如此差别？因为欲望轻重的不同，越上层的天人，欲望越薄，是故行淫方式也越"优雅"。这一描述其实为我们展现了佛家的身体观念。即身体本质上是不净的，当身体与欲望相结合而形成生死流转的原因时，其本身就成为解脱生死的一大障碍。就不净的等级而言，从性器官的分泌物到性器官，再到身体其他部位，不净程度是逐渐减轻的。脱离身体接触，如仅仅相视一笑，比身体的直接接触又在净化的路上进了一步。在身体不接触的基础上，依靠色身情感表达的减少，如仅仅相视而没有笑容，就达到了深层的净化，成为欲界六天"不净"最少的"行淫"方式。通过进一步的净化，在欲界之上的色界已没有欲界所见的"淫欲法"。

第六章 除却"淫欲"的方法

佛教经典中针对修行人如何除却心中淫欲开发了各种方便之法，其中最根本的途径是以般若智慧来正确地观待欲望。

一、对"淫欲"的正确认知

佛教对治方法的第一步是正确地认知淫欲。观察身体这"淫火之坑"，"骨犹如锁，肉如聚石，犹蜜涂刀，坐贪小利，不虑后患。亦如菓繁折枝，亦如假借不久当还，犹如剑树之薮，亦如毒害药，亦如毒药，如毒华菓"。淫欲就如同刀刃上舔蜜或有毒的果实，这是形容淫欲的危害；如假借当还，则突显了淫欲的短暂与幻灭，如果不能如实地观察思索"淫火之坑"的危害，则"欲得度欲流、有流、见流、无明流者，此事不然。以不度欲流、有流、见流、无明流，而欲得入无余泥洹界而般泥洹者，此事不然"。所以，克服淫欲是修行道路上的关键一环，而要战胜淫欲，则必须先能"悉观了知"，知道并顾忌其危害。进一步讲，不淫，不但是身体上的，更主要是思想上的。即"身体香洁，亦无邪想"，如能保持，则"受人中福，受天上福，得泥洹证"①，是一切世间出世间修行的基础。

《阿含经》中，通过观察和了知淫欲之危害来逐步有次第地消除淫欲的方法，在大乘经里发展为般若智慧的一分。戒与慧既有一定的次第，又是互相促进的，见惑与修惑之断除虽逻辑上有先后，但在实践中却是相互促进，螺旋式上升的，防止淫欲之戒是修行不可或缺的一步。《楞严经》中佛陀对阿难教诲道：

> 所谓摄心为戒，因戒生定，因定发慧。是则名为三无漏学。阿难！云何摄心我名为戒？若诸世界六道众生其心不淫，则不随其生死相续。汝修三昧本出尘劳，淫心不除尘不可出，纵有多智禅定现前，如不断淫必落魔道。②

淫欲不断除，纵有再多的智慧禅定现前，还是要落魔道，因为归根到底，淫欲不断，就逃不出凡尘，只能在六道轮回中生死相续。对佛教修行者而言，淫欲危害虽大，却并不容易断除。《楞严经》中甚至还记载了佛陀十大弟子的阿难尊者在一次乞食时被摩登伽女用"淫术"所害，差点破了戒体。作为长期随侍佛陀左右的多闻第一的弟子阿难尚且如此，可见根除淫欲对于出家修行者之难。③因此，《摩诃般若波罗蜜经》卷一言："菩萨摩诃萨断淫欲出家者，应

---

① 《增一阿含经》卷七，CBETA，T02，no.0125，p.0576a24。

② 《大佛顶如来密因修证了义诸菩萨万行首楞严经》卷六，CBETA，T19，no.0945，p.0131c13。

③ 大乘佛经常常矮化部派佛教所推崇的佛陀十大弟子，拔高大乘佛教所推崇的菩萨，反映的是历史时期大乘佛教与部派佛教的斗争。

得阿耨多罗三藐三菩提非不断。"①

　　经说："菩萨摩诃萨欲除贪淫瞋恚愚痴，当学般若波罗蜜；欲除贪身见已，当学般若波罗蜜；菩萨摩诃萨欲除狐疑犯戒，当学般若波罗蜜。"②龙树在其《大智度论》中分析四念处修行法门时（观身不净，观受是苦，观心无常，观法无我），提出世间之乐皆从苦因缘生，因为能够部分遮蔽苦，所以称为乐，实际上并没有实在的乐可言，譬如掺杂了毒的美食，食虽香美，但毒却能害人，世间之乐亦是如此。那么应该如何正确地看待诸如淫欲等烦恼呢？论曰：③

　　　　淫欲烦恼等毒故，夺智慧命，心则狂惑，舍利取衰，谁受此乐？唯有心识。谛观此心念念生灭，相续有故，可得取相，譬如水波、灯焰。受苦心非乐心，受乐心非苦心，受不苦不乐心非苦乐心，时相各异，以是故心无常，无常故不自在，不自在故无我。

　　通过谛观心的刹那生灭而相续，知心无常，无我，并没有真正从淫欲等放纵行为中受乐的自在主体，此即观智修炼的一分。一般而言，针对特定的烦恼，佛家有特别对治烦恼的修行法门，譬如"行淫欲者，令观不净；瞋恚者，令观慈心；愚痴众生，令观十二

---

① 《摩诃般若波罗蜜经》卷一，CBETA，T08，no.0223，p.0221a22。
② 《光赞经》卷三，CBETA，T08，no.0222，p.0165a20。
③ 《大智度论》卷四十八，CBETA，T25，no.1509，p.0405a29。

因缘"①。

佛教中有信仰解脱与智慧解脱两条修行道路，在断除淫欲的修行上亦复如是。除了智能知见，还通过信仰来断除淫欲的，如《法华经》言，"观世音菩萨摩诃萨，威神之力巍巍如是。若有众生多于淫欲，常念恭敬观世音菩萨，便得离欲"②。还有通过禅定来断除淫欲的，如《大智度论》提到，"念佛三昧能除种种烦恼及先世罪；余诸三昧，有能除淫不能除瞋，有能除瞋不能除淫，有能除痴不能除淫、恚，有能除三毒不能除先世罪。是念佛三昧，能除种种烦恼、种种罪"。所谓"念佛三昧"，并非是现在通常所说的口念佛名，而是指一心系念佛身，"十方三世诸佛，常以心眼见，如现在前"③。具体而言，即修行人在禅中谛观佛身三十二相、八十种好，乃至从一佛之光明彻照到十方无量世界诸佛的色身，最终唯观"虚空佛身及佛功德，更无异念，心得自在意不驰散"，此刻即是成就了"念佛三昧"④。禁淫本身是修习禅定的先决条件，前者又是后者主要的对治对象，"若有人修禅净行，断除淫欲，名为行梵道"⑤。

所谓犯戒，由心生意想再带动行为，如有类似的行为但无心为之，则不算犯戒，因为佛教身口意三者以心意为首。《四十二章经》

---

① 《大智度论》卷九十四，CBETA，T25，no.1509，p. 0715c20。

② 《妙法莲华经》卷七，CBETA，T09，no.0262，p. 0056c29。

③ 《大智度论》卷七，CBETA，T25，no.1509，p. 0108c22。

④ 《坐禅三昧经》卷上，CBETA，T15，no.0614，p. 0277a24。

⑤ 《大智度论》卷八，CBETA，T25，no.1509，p. 0116a11。

言："人有患淫，情不止，踞斧刃上，以自除其阴。佛谓之曰：'若断阴不如断心，心为功曹，若止功曹，从者都息；邪心不止，断阴何益？斯须即死？'"①《四分律》卷五十五也提到，有比丘身根（生殖器）坏没有觉知，或者有比丘男根不起（无法勃起），他们如果作此念："我行淫无犯"，即行淫之后，同样犯波罗夷②。断除身口的淫业关键在心，那么如果有心意而没有导致身体或语言的后果，是否算破戒呢？要回答问题这个问题，首先要看佛家如何看待身口意三业在造业时各自的作用。《成实论》之"三业轻重品"云："心为法本，心尊心导心念善恶即言即行，故知意业为重，又意差别故身口业有差别……离身口业意业有报，离意业身口无报，故知意业为重。"③由于身口的行为是由心意所发动的，所以意业为重。是故，"意净故则持戒净。若意不净戒亦不净，如七种淫经中说"。所谓七种淫，指"一者虽断淫欲而以染心受女人洗浴按摩；二以染心闻女人香共语戏笑；三以染心目共相视；四虽有障碍；以染心闻女人音声；五先共女人语笑；后虽相离忆念不舍；六自限尔所时断淫欲然后当作；七期生天上受天女乐及后身富乐"④，"以七种淫欲名戒

---

① 《四十二章经》卷八，CBETA，T17，no.0784，p. 0723b27。
② 《四分律》卷五十五，CBETA，T22，no.1428，p. 0973b03。
③ 《成实论》卷九，CBETA，T32，no.1646，p. 0307a05。
④ 《佛说骂意经》卷一说到的"七种淫"是"一者，见衣被色；二者，闻珠环声；三者，闻妇人语声；四者，心意念谈女人；五者，眼视；六者，念夫妇礼；七者，意思想犯"，CBETA，T17，no.0732，p. 0531b24。

不净", "离此七事名戒清净"①。此"七种淫"和戒律中关于"淫欲"的种种禁戒在精神上完全一样，即必须以"淫心"配合语言与动作。虽然意业最重，但戒律中并没有规定没有身口二业的纯粹"意淫"是犯戒。"七种淫"最后一条并非"意淫"，而只是不正确的知见。《成实论》中也说，"若发淫心便应犯戒，是事不然"②，但没有展开具体说明。在南传的《增支部经典》中有一段关于不净观修习的描写，似乎有助于我们理解这个问题。

> 诸比丘！若充满不净想所积集之心而住之比丘，其心行淫欲而贪着，不厌离而持续，则诸比丘！比丘应如是知：我非修习不净想，我于以前或尔后无区别，我不得证修习果。如是，方生正智。诸比丘！又，若充满不净想所积集之心而住之比丘，其心于行淫欲而不着，厌离转出而不进，持续舍或排拒，诸比丘！比丘应如是知：我有修习不净想，我于以前或尔后有区别，我可得证修习果。如是，方生正智。诸比丘！不净想之修习，再三力行，有大果，有大称赞，沐浴于甘露，究竟于甘露。③

此处，佛陀明确说道，比丘修习不净观的关键时刻是"心于行淫欲而不着"，如果在此刻能够"厌离转出而不进"，持续地排斥和抗拒，那么不净观的修行可谓成功了；如果在此关键时刻"心行淫

---

① 《十住毗婆沙论》卷十六，CBETA，T26，no.1521，p. 0109c10。
② 《成实论》卷七，CBETA，T32，no.1646，p. 0307a05。
③ 《增支部经典》卷6–卷7，CBETA，N22，no.0007，p. 0247a05。

欲而贪着",不但不厌离,还贪着地持续这种状态,那么不净观的修习就失败了。由上所述我们或可以得知,身口二业上的行不净需心意的有无来确定,如果有身体或语言的行为,但没有淫欲之心,则不算犯戒。反过来,没有身口二者的行为,纯粹的"意淫"也不算犯戒,但必须迅速"厌离转出而不进",持续地对其进行抗拒,否则就可能导致身口二业。

持戒与禅定的关系十分密切。阻止破戒之事由一丝意念而转化成身口的行为,正是持戒之利用。所以龙树在《大智度论》中说,"持戒之力,能赢诸结使。云何能赢?若不持戒,瞋恚事来,杀心即生;若欲事至,淫心即成。若持戒者,虽有微瞋,不生杀心;虽有淫念,淫事不成——是为持戒能令诸结使赢"。常求放逸快乐之心没有熄灭前,是很难得禅定的,破戒之人,"结使风强,散乱其心",同样难得禅定。持戒之人,烦恼减少,"诸结使赢",心不散乱,由是易得禅定。所以,戒与禅定均是对治烦恼的方法,其对象不同,"戒为捡粗,禅为摄细",且有逻辑上的次第,所谓"戒摄身、口,禅止乱心;如人上屋,非梯不升,不得戒梯,禅亦不立"。戒与定如此相依增胜,对治烦恼,除了能再生人天的功德,其主要目的还是在于修行。所以论曰,"持戒清净,断诸结使,得阿罗汉道;大心持戒,愍念众生,是为菩萨"[①]。不论是大小乘的修行,不论是为了

----

① 《大智度论》卷十四,CBETA,T25,no.1509,p. 0163b01。

自我度脱还是普度众生，持戒都是最根本的，而淫欲则为最难拔除的烦恼之一，才有经论中种种对治方便的讨论。

《瑜伽师地论》里记有断除淫欲的三种原则性的方法，即"一精进力，二不放逸力，三对治力。由精进力其已生者令不坚住；由余二力，其未生者令不得生。如是行者勤修正行，为欲断除已生恶故，及未生者令不生故"①。此处所提的三种方法都是战略性的或者说原则性的，精进、不防逸地对治淫欲烦恼，其实是三位一体的，目的是使已经生起的"令不坚住"，未生起的令不生，关键在于态度，即清楚地认识到淫欲各种危害特别是障碍修道，以坚决剪除的态度，精进地对治淫欲烦恼。论的另一处，还提到了三种具体的对治淫欲的实践方法：②

> 有三种淫贪对治，能令淫贪未生不生，已生寻断。一者思惟不应行想，二者思惟极不净想，三者密护一切根门。此中密护一切根门，略广应知如声闻地。谓能密护诸根门者，不令母邑（即女人）摩触身故，名善护身。于诸母邑不观不听不忆念故，名善守根。设见设闻设随忆念，即能长时摄受正念，以猛利慧深见过故，名善住念。彼由如是善护其身，善守诸根，善住正念，便能思惟不应行想。由此烦恼不能蔽心令暂欣味，又能思惟极不净想，由此烦恼不能蔽心令速回转。

---

① 《瑜伽师地论》卷九十八，CBETA，T30，no.1579，p.0861b19。
② 《瑜伽师地论》卷九十一，CBETA，T30，no.1579，p.0816c03。

三个方法中，"思惟不应行想"是原则性的态度，即可视为前述精进力、防逸力和对治力三法的运用。其次是实践上的"密护一切根门"，这个是三法里最重要和最基础的，包括不与女子身体有所触碰，所谓"善护身"；不看女子、不听女声、不意想女子形象，所谓"善守根"；若一旦发现自己有见、听和意想女子，能立刻摄心保持正念，以智慧深刻地照见自己先前的过错，所谓"善住念"。如此善于护身、守根和住正念，则可以思维不应行想。做到这一步，烦恼就不会遮蔽自己的心令其放纵，再加上"思惟极不净想"，烦恼不遮蔽内心的状态就能一直保持了。因此，从"密护一切根门"到"思惟不应行想"再到"思惟极不净想"是有次第地层层递进，对淫欲的对治也是愈发深入。此处提出的"不净观"或曰"观身不净"，是佛教里一个特定的修行法门，用以对治对肉体的欲爱。关于不净观的修习，佛教经典中有许多相关的记载，我们将在下一节中详细展开。

二、不净观的修习

观身不净，观受是苦，观心无常，观法无我是北传佛教通常所理解的四念处修行法门之身念处、受念处、心念处和法念处的四个方面。所谓的不净观主要就是观身不净，包括自身的不净和他身的不净，对治贪念或淫欲，是佛教修行中一个虽基础但又十分重要的法门。既然淫欲是修行道路的第一障碍，是生死轮转的最根本源头之一，那么对治淫欲的不净观法门自然十分胜殊。经典中有许多地

方提到了佛陀对不净观的赞叹，如《杂阿含经》记载："世尊为诸
比丘说不净观，赞叹不净观言：'诸比丘修不净观，多修习者，得
大果大福利。'"①佛典里对不净观的修习有较为详细的记载，首先是
修习前的准备工作，所谓"前行"，《广义法门经》云，有十四种方
法可以帮助不净观的修行，即"一不共女人一处住，二不失念心观
视女人，三恒不放逸，四不生重欲心，五数习不净想，六不数习净
想，七不共作务人住，八不随其所行，九乐听正法，十乐闻正法，
十一守护六根门，十二节量食，十三独处心得安住，十四能如实观
察"②。这些方法主要是阻断来自情色的感官刺激、远离世俗事务、
调整好心态令其平静、学习正确的方法后，节食而独处，开始不净
观的修习。《大智度论》认为易先修安那般那禅令身体安详，心不
错乱，然后再行不净观，则能"安稳牢固"。否则，如果心狂乱之
时去修不净观，反而会把不净当净，走火入魔③。

除了必要的准备工作，佛弟子还应于私下里修行不净观，不得
随意向他人宣说自己的修行成就，如经中所言：④

> 若诸白衣，欲行禅定得五神通，尚不应向他人宣说，言我
> 得神通仙呪术一切宜秘；何况出家受具足戒，若得不净观乃至

① 《杂阿含经》卷二十九，CBETA，T02，no.0099，p. 0207b22。
② 《广义法门经》（出中阿含经一品），CBETA，T01，no.0097，p. 0920b14。
③ 《大智度论》卷四十八，CBETA，T25，no.1509，p. 0404b12。
④ 《禅秘要法经》卷三，CBETA，T15，no.0613，p. 0268c14。

暖法，不得妄向他人宣说。若向他说，即灭境界，使多众生于佛法中生疑惑心。是故我今于此众中，制诸比丘比丘尼，若得不净观乃至暖法，当密修行令心明利，唯向智者教授师说，不得广传向他人说。若向他说，为利养心，应时即犯十三僧残。过时不忏，心无惭愧，亦犯重罪如上所说。

佛陀规定，诸佛弟子如果修得不净观，不得向外人广为宣说，如果为了求他人的供养而说，则犯僧残法，过时不忏悔，心中没有惭愧的，罪上加罪。当然，这边不得向他人广为宣说的不仅仅是得不净观，也包括通过禅定所得的神通等等。其目的当是为了不让修行者内心增长我慢和求利养之欲。

至于不净观具体如何修行，《坐禅三昧经》卷一的"第一治贪欲法门"对此有详细的描述：①

淫欲多人习不净观，从足至发不净充满，发毛爪齿、薄皮厚皮、血肉筋脉、骨髓肝肺、心脾肾胃、大肠小肠、屎尿洟唾、汗泪垢坋、脓脑胞胆、水微肤、脂肪脑膜，身中如是种种不净。复次不净渐者：观青瘀膖胀、破烂血流、涂漫臭脓、噉食不尽、骨散烧焦，是谓不净观。

将人视为一具臭皮囊，从头到脚包裹着无数不净污秽之物，如同一只装满了米、豆等粮食的袋子。有智慧之人，观察这个袋子里

---

① 《坐禅三昧经》卷一，CBETA，T05，no.0614，p. 0271c07。

的各种米、豆，一一分明。观察人的身体亦复如是。南传的《大念处经》对此有类似的描述，并详细列举了身中的种种不净，堪比古代的人体解剖学："我此身中，有发、毛、爪、齿、皮、肉、筋、骨、髓、肾、心、肝、肋膜、脾藏、大肠、肠膜、肺、胃、屎、尿、胆汁、痰、脓、血、汗、脂肪、泪、淋巴、涕、唾、滑液"①，所谓对身体的"厌想"。《大智度论》则将此比喻为农夫打开装满粮食的谷仓，"农夫开仓，即知麻黍、麦豆种种别异，是行者不净观，以慧眼开见是身仓，知此身中不净充满，必当败坏"②。譬喻虽不同，但目的和修行方法是一致的。以上是不净观中的"有时不净观"，即通常四念处法门里的观身不净。此外，还有"无时不净观"，譬如经中所说：

> 复次多淫人有七种爱：或着好色、或着端正、或着仪容、或着音声、或着细滑、或着众生、或都爱着。若着好色，当习青瘀观法，黄赤不净色等亦复如是！若着端正，当习膧胀身散观法；若着仪容，当观新死血流涂骨观法；若着音声，当习咽塞命断观法；若着细滑，当习骨见及干枯病观法；若爱众生，当习六种观；若都爱着，一切遍观，或时作种种更作异观。是名不净观。③

这一法门所观的不是活着时候（有时）的身体，而是死后的窨

---

① 《大念处经》卷一，CBETA，ZW05，no.0048，p. 0182a01。
② 《大智度论》卷四十八，CBETA，T25，no.1509，p. 0404c05。
③ 《坐禅三昧经》卷一，CBETA，T15，no.0614，p. 0271c12。

相。有淫欲之人不论对身体有何种贪爱，都有对治的观想方法：好色的观尸体之青淤；好端正的观尸体膨胀腐烂散落；好仪容的观死后血流涂骨；好声音的观咽塞断气；好肌肤细滑的观枯骨和干枯病等等。此种无时不净观的集大成者就是通常所说的"墓地九观"，即把尸体从完好到完全化为骨屑的过程分成九个阶段，分别观其不同的外相，包括膨胀青淤腐烂相、（鸟兽）叼啄咬食相、骸骨血肉筋腱相、皮肉尽化筋腱尚存之血迹骸骨相、血肉皆无之筋腱骸骨相；骸骨肢解四散相；骸骨惨白如螺壳相；骸骨四散堆积相；骸骨枯腐化为屑粉相①。目前除斯里兰卡的少部分寺院，几乎很少有人修习墓地九观之法了。但从律典的记载中，似乎当时在墓地修行类似法门的比丘为数不少，甚至发展到有比丘将死人尸骨带回僧坊中修行的记载，为佛陀所禁止。类似的修行发展到极端处就产生了一些不良的后果。一些修不净观后厌倦身体的比丘有结束生命的倾向并付诸于实践，经律中均有对于此事的记载：

> 尔时世尊告诸比丘修不净观得大果利。时诸比丘即皆修习，深入厌恶，耻愧此身。譬如少年好憙净洁，澡浴涂身，着新净衣，忽以三尸婴加其颈，脓血逼身，虫流满体。其人苦毒，无复余想，但念：何当脱此耻辱？诸比丘厌恶此身，亦复如是。②

> 诸比丘作是念已，勤修习不净观，深怀厌恶惭愧是身，譬

---

① 《大念处经》卷一，CBETA，ZW05，no.0048，p. 0184a01–0188a07。
② 《五分律》卷二，CBETA，T22，no.1421，p. 0007a27。

如年少自喜严饰、洗浴身体、剪爪治须发、着好衣服、以香涂身，若以死蛇、若以死狗、或以死人臭烂青瘀、鸟兽所食脓血虫出以系其颈，厌恶臭尸深怀惭愧。是诸比丘深修不净观故，惭愧厌恶亦复如是。尔时或有比丘发心欲死、叹死、求刀自杀、或服毒药、或有自系、或投高崖、或有比丘转相害命。[1]

从经律典籍的记载中可知，有些比丘修行无时不净观发展到了将婴儿或动物尸体及其所出不净物加诸自身的程度，从而达到厌恶身体的目的。从那些因修不净观而欲结束生命的案例来看，一是修行者是否因病与药，选择了适合自身情况的法门？二是修行实践中方法是否正确，是否有走火入魔的情况？在发生了有比丘因修习不净观而自杀或相杀的事件之后，佛陀制定了关于杀戒的波罗夷法。与此同时，针对这些厌世的比丘，佛陀又开示了安那般那（安般）三昧的法门，即一种将意念集中于呼吸之上，时时保持正念的修行禅法，专门对治因修不净观而厌离弃世的比丘，令其能"寂静快乐，诸不善法生即能灭之"[2]。寻求自杀的比丘是不净观修得"未得离欲自恶厌，身心则迷闷"。还没有修得离欲了，却先厌恶起身体来，如同服药过量了，旧的病没有看好，新的病出来了，所以升起了"恶厌"[3]。修不净观的目的并不是要人们厌离世间去了结生命，而是

---

① 《十诵律》卷二，CBETA，T23，no.1435，p. 0007b21。
② 《四分律》卷二，CBETA，T22，no.1428，p. 0576b03。
③ 《成实论》卷十四，CBETA，T32，no.1646，p. 0355c16。

如龙树所言,"不净观者,所谓菩萨摩诃萨观身如草木瓦石无异"①。
《瑜伽师地论》更进一步指出,"由修习不净观等诸世俗道,虽厌其
事入离欲地,然离欲地烦恼随逐。烦恼于心未得离欲,由此道理唯
离烦恼,心善离欲非离其事"②。离欲的关键是要离开烦恼,"于诸事
中一切烦恼皆可避脱",而并不是要离开一切事。同理,修不净观
不是要离开身体,而是离开执着于身体的淫欲烦恼。

其实,佛法的不同法门如同治病之草药,对某种病灶有特效的
药物对其他疾病可能完全无效甚至还有害,所谓对症下药的重要
性。佛法亦如是。因此,龙树说:③

> 不净观思惟,于贪欲病中,名为善对治法;于瞋恚病中,
> 不名为善,非对治法。所以者何? 观身过失,名不净观;若瞋
> 恚人观过失者,则增益瞋恚火故。

> 思惟慈心,于瞋恚病中,名为善对治法;于贪欲病中,不
> 名为善,非对治法。所以者何? 慈心于众生中求好事,观功德;
> 若贪欲人求好事,观功德者,则增益贪欲故。

对于贪淫的人而言,修不净观来对治,是为善法。但如果是瞋
恚重的人修此法门,观身之不净,反而可能加重其瞋恚心,适得其
反。同样,慈心观于众生中观其好事与功德,适合对治瞋恚重的人,

---

① 《大智度论》卷四十八,CBETA,T25,no.1509,p. 0404b18。
② 《瑜伽师地论》卷五十八,CBETA,T30,no.1579,p. 0625c22。
③ 《大智度论》卷一,CBETA,T25,no.1509,p. 0060a21。

但若贪淫心重的人修慈心观，反而可能增加其贪淫之欲。这就是佛家常说的对症下药。

其次，修行者根器的差别也是选择修行法门的重要考虑，如《解脱道论》所言，"为钝根欲人，修不净观，为其欲对治，是所应教行，修得除欲。利根欲人，初信增长，当修念处，是所应教行，修得除欲"①。也就是说，不净观适合淫欲深重的钝根之人。利根之人可直接修行四念处以此即能断除欲望。

进一步，龙树指出，不净观有两种，所谓"不净"和"净"。修行的人以世间的不净为净，所谓"颠倒"，修行不净观，是为了对治世人的贪淫之心。但是不净观修习时间久了之后，特别是走火入魔过头了，心就厌离，可能出现上述种种自杀或叫人相杀以求解脱的现象。为了调制修习不净观之后的厌离心，需要进一步修习净观。这并非如未修不净观前的"颠倒"，而是不着两边的"中道"。就修习的具体方法，论曰：

> 行者先观身不净，随身法所有内外不净，系心观中，是时生厌，淫、恚、痴薄，即自惊悟：我为无目，此身如是，云何生着？摄心实观，无令复错。心既调柔，想身皮、肉、血、髓不净；除却，唯有白骨，系心骨人，若外驰散，摄之令还；深摄心故，见白骨流光，如珂如贝，能照内外诸物，是为净背舍

---

① 《解脱道论》卷三，CBETA，T32，no.1648，p. 0411a29。

初门。然后观骨人散灭，但见骨光，取外净洁色相。

　　复次，若金刚、真珠、金银宝物，若清净地，若净水，如无烟、无薪、净洁火，若清风无尘。诸青色，如金精山；诸黄色，如瞻卜花；诸赤色，如赤莲华；诸白色，如白雪等。取是相，系心净观，随是诸色，各有清净光曜。是时行者得受喜乐，遍满身中，是名净背舍。①

此处是分别针对不同的不净观修行的中和。通过对珍珠宝物、净水或其他自然的种种颜色等物的取相，观其颜色的清净光耀，遍慢全身而得喜乐。修习无时不净观的修行者可以以此调和自身的厌离心，当然，修习有时不净观的也可以单独修此观法。此外，对于修习有时不净观，以四念处之观身不净的修行人而言，净观本身是不净观的后续阶段，或者说更高的阶段。从观想身体的不净，层层剥笋，直到彻见白骨，白骨流光之后便是净观了。此一法门的修行，所缘之相是净非不净，所得心乐来自对五欲之喜乐的背离和舍弃，所以名为"净背舍"。如果于净色亦不执着，知其从自己的心中所出，不生贪着，继续修习，就能进一步从背舍提升到胜处甚至一切处②。

　　不过不净观只是对治粗烦恼的法门，所以《成实论》曰"无有以不净观而得解脱，净观亦无解脱，但以空观能得解脱"。只有般若空观的智慧才能令人最终得解脱，而不是不净观。龙树更直接地

---

① 《大智度论》卷二十一，CBETA，T25，no.1509，p. 0215b23。
② 《大智度论》卷二十一，CBETA，T25，no.1509，p. 0215b29–0215c10。

指出，"不净观是初入门，非实观，是故不入十六圣行。是十六行中，观无常、苦、空、无我，不观不净"①。所谓十六圣行，即观四谛时所产生的十六种行相，所谓"十六者，观苦四种：无常、苦、空、无我；观苦因四种：集、因、缘、生；观苦尽四种：尽、灭、妙、出；观道四种：道、正、行、迹"②，是无漏法。此中没有不净观，因为不净观是贪淫之欲炽盛者初入门时所修的对治粗烦恼的法门，由于"颠倒"才生淫欲，其本身并非实，因此不净观只是"解观"而非"实观"。当然，从对治淫欲的角度而言，不净观依然是佛教修行中的一个重要的法门。

如果说不净观是显教特别是原始佛教中除却欲望之修行的主要法门，那么在秘密佛教中，似乎有了对治"性欲"的更"方便"的法门。秘教有通过诵咒来消除作恶果报的法门，也提到了不含贪欲心的前提下可以做一些在显教中被视为破戒之事（主要是关于"性"的方面），对此，密教典籍有明确记载。

《陀罗尼集经》在提到"一切佛心印咒"时说，"又法诵一切诸咒。作此印者。一切诸佛菩萨贤圣并皆欢喜。身中所犯四重五逆酒肉五辛邪淫之罪。并皆消灭"③。《大毗卢遮那成佛神变加持经》又言，"秘密主，菩萨持不邪淫戒，若他所摄，自妻，自种族，标相所护，

---

① 《大智度论》卷二十五，CBETA，T25，no.1509，p. 0505a16。
② 《大智度论》卷十一，CBETA，T25，no.1509，p. 0138a07。
③ 《陀罗尼集经》卷二，CBETA，T18，no.0901，p. 0797a14。

不发贪心，况复非道，二身交会，有余方便，随所应度，摄护众生"①；"善男子，以此明妃如来身无二境界"②。不过另一方面，密教仪轨通常要求诵咒者必须持戒，包括不得行淫、不食五辛酒肉，如果行淫破戒则"众神不护不助其力。亦无大验"③。

密教特别讲求佛菩萨等外力的加持，所谓"彼尚淫女无心修行，神力冥资速证无学；云何汝等在会声闻，求最上乘决定成佛？譬如以尘扬于顺风，有何艰险"。在"神力"的加持下人人似都能速证菩提，然其前提是持戒清静。只要末世的比丘比丘尼或在家弟子众能"心灭贪淫持佛净戒，于道场中发菩萨愿，出入澡浴六时行道"，如是经三七日不寐，如来"自现身至其人前，摩顶安慰令其开悟"④。从早期佛教强调自力解脱到后期密教重视持咒和外力加持，变化是相当大的，不过即使是持咒或祈求佛菩萨加持，包括淫戒在内的严格持戒清净是必要的前提，持戒所形成的戒体成为受外来力量加持的媒介和先决条件。

三、淫欲与贪食：佛教禁忌中的逻辑链条

淫欲是修行道路上必须去除的障碍，而《成实论》认为，"贪

---

① 《大毗卢遮那成佛神变加持经》卷六，CBETA，T18，no.0848，p.0039b16。
② 《大毗卢遮那成佛神变加持经》卷三，CBETA，T18，no.0848，p.0022b12。
③ 《陀罗尼集经》卷九，CBETA，T18，no.0901，p.0860c27。
④ 《大佛顶如来密因修证了义诸菩萨万行首楞严经》卷七，CBETA，T19，no.0945，p.0133a19。

食"是比淫欲更大的障碍，是引起众生烦恼的根本原因，甚至淫欲本身是从贪食而生起的。论曰，"一切苦生皆由贪食，亦以食故助发淫欲，于欲界中所有诸苦皆因饮食淫欲故生"。欲界中所有的苦恼皆由饮食和淫欲而起，而饮食又能助发淫欲，是最根本性的苦恼源头。何故说贪食是众苦之因？论里对此有所解释：

> 又贪着饮食故生淫欲，从淫欲故生余烦恼，从余烦恼造不善业，从不善业增三恶趣，损天人众。是故一切衰恼皆由贪食。又老病死相皆由饮食，又食是深贪着处，淫欲虽重不能恼人，如为食者。若少壮老年在家出家，无不为食之所恼也。又应食此食而心不着，未离欲者是最为难。①

从贪食到众生生起一切苦，淫欲是此逻辑链条中的一个关键环节，因为贪食而生淫欲，由淫欲而生其余的一切烦恼。在佛教的宇宙论中，从某个世界的诞生直至其毁灭名为"一劫"。在劫初时，众生从天界化生到此世间，由于欲薄而身轻，飞行自在，且有光明。由于贪恋地上的美味，逐渐失去光芒，身重而无法飞行，逐渐有了老病死，寿命也缩短到现在百岁，伴随有诸多的烦恼，一切堕落皆由于贪食。这可谓佛教版的"创世纪"，人类堕落的原因是贪食地上的美味，和《圣经》中偷吃禁果而堕落的人类有异曲同工之处。佛教典籍特别喜用一条线性的逻辑链条来简明地表示各种事物

---

① 《成实论》卷十四，CBETA，T32，no.1646，p. 0348c22。

之间的因果，贪食为一切烦恼之因，通过淫欲，贪食实现了其他烦恼之果。这条逻辑链条继续延展的话，就是由各种烦恼故，造种种不善业，因种种不善业而堕入三恶道（地狱、饿鬼、畜生）。所以论说，"一切衰恼皆由贪食"。相比淫欲，饮食是更深的贪着。除了导致包括淫欲在内的众多烦恼，贪食另一个特点是，不论男女老少在家人或出家人，为了生命的延续，均有日常饮食的烦恼。在饮食的同时又不贪着于食物，是最难的。

　　较多反映原始佛教的《阿含经》中，佛陀常以贪食为譬喻，说明人类对于欲望的执着。譬如《增一阿含经》卷四十七直接提到人的贪食之欲"如火获薪，初无厌足，如大海水，吞流无足。今凡夫之人亦复如是，贪食无厌足"①。《中阿含经》卷十六则记载，佛陀曾以愚痴之人贪食涂有毒药之饼来形容世间之人对于欲、恚、怖、痴等烦恼之贪执不舍。所谓"此䴵毒药涂，汝贪食不觉，坐为䴵欺我，后必致苦患"②。在《中阿含经》的"猎师经"中（南传《中部经典》卷三亦有类似的故事），佛陀以四群鹿来比喻四种比丘，其中前三种鹿均因为贪食而为猎人所捕获，对应的前三种比丘无法脱离魔王（世间的欲望烦恼），只有第四种比丘，"依住魔王、魔王眷属所不至处"，"不近食世间信施食，不近食已，便不憍恣放逸，不放逸已，便不随魔王、魔王眷属"。也就是说，比

① 《增一阿含经》卷四十七，CBETA，T02，no.0125，p. 0801b23。
② 《中阿含经》卷十六，CBETA，T01，no.0026，p. 0530b27。

丘应当像第四种比丘那样，断除世间种种欲望，在获得世间饮食的时候，不贪着，不放逸，才能摆脱魔境。《阿含经》中除了对贪食而不得解脱的批判，还有直接将贪食视为众生堕落原因的记载。《长阿含经》言，劫初的时候，光音天人来到世间，因为贪食地味，食少者颜色光润，食多者颜色憔悴，于是众生形貌有优劣之别，有了相互攀比之心，种种地味（可视为食物采集阶段大自然所提供的食物）旧的耗尽，新的出现，导致众生的饮食烦恼，直至各种地味消耗殆尽，进入粮食种植阶段，众生食了粳米之后，形体变得粗糙丑陋，开始有了男女形体之别，于是出现了淫欲而行不净行①。此乃佛典中对于淫欲源自贪食的"历史"说明。《成实论》的相关论述当源于此一佛教的"创世说"。既然淫欲自人类贪食堕落伊始就伴随至今，那如何断除呢？

依佛教而言，若要断除贪食的烦恼，则需要修习"食厌想"。所谓食厌想，是指观种种食物之不净，具体而言，论曰，

> 如净洁香美饮食不即净时能利益身，以齿咀嚼涎唾浸渍状如呕吐，堕生藏中能利益身，故知不净。又此饮食不知故乐，若人虽得美食还吐出已更不能食，当知以不知力故以之为美。又以饮食因缘受田作役使积聚守护如是等苦，由此因缘起无量罪。又所有不净皆因饮食，若无饮食何由而有皮骨

---

① 《长阿含经》卷二十二，CBETA，T01，no.0026，p. 0145a19。

血肉及粪秽等诸不净物。又所有恶道诸厕虫等，皆以贪着香味故生其中。①

论中列举了食为不净的几种原因。首先是外表看似干净香美的食物并不能为人体所吸收，必须经过咀嚼消化才行，届时，食物已如呕吐物之不净。再美味的食物，如果吃了再吐出来就无法食用，可见并非真正的美食；其次，由于食物来自耕作，导致了种种劳作之苦，以此为因缘还可起无量罪；再次，人身体的种种不净，皆因饮食而已有；最后，以贪食故，死后生恶道。由此可见，食厌想的修行路径和身不净颇为类似，都是要求如实观察对象的种种污秽之处而达到厌离的效果。《大般涅槃经》还提到，一切众生皆为饮食故而身心受苦，作为比丘从受苦的众生中得食，怎能于食物而生贪着心呢？②

如同观身不净绝对不是要修行者抛弃肉体自杀，修食厌想对治的是对食物的贪欲，而非禁食。禁食是某些外道苦行的方法，甚至达到绝食而亡的程度。佛教对此是明确反对的，因为不是说断了饮食就能够断除欲望，关键是要做到"以此而食不为贪食苦之所恼"，如果只是断绝食物的来源，却没有除尽烦恼，那么纵死也枉然③。

---

① 《成实论》卷十四，CBETA，T32，no.1646，p. 0348c22。
② 《大般涅槃经》卷三十四，CBETA，T12，no.0375，p. 0836c13。
③ 《成实论》卷十四，CBETA，T32，no.1646，p. 0348c22。

第七章　佛典中的"女身"

　　说到淫欲的对治，就不能不提佛经中的女性。早期佛教从修行角度出发所形成的女性观乃解脱上的男女平等、制度上的男性优越和修行上的女性厌恶[①]。历史上的佛教僧团以男性为主，对多数男人而言，女性是其淫欲的对象，因此，佛教典籍中有许多"淫女"的记载，最有名的如《楞严经》中用妖术勾引阿难尊者的摩登伽女。女性的形象在不同时期、不同部派的佛教典籍中是不太一致的，这种不一致既有历史时期男权社会对于女性的偏见，也有因机说法场合的不同，还有佛教教理自身特点的影响。

一、佛教的女性观

　　《增一阿含经》中的一个故事反映了早期佛教对于女性社会角色的观点。其时，一位长者的儿子取了波斯匿王第一大臣之女为妻，妻子自持姓望高不尽"妇道"，于是长者请佛陀前往开导。世

[①]　　杨孝容：《略论佛教女性观及其与社会历史的共相嬗变》，《求索》2003年第6期，第193–195页。

尊告诉这位名为善生的女子："长者女当知，夫为妇人有四事。云何为四？有妇如似母，有妇似亲，有妇似贼，有妇似婢。汝今当知，妇似母者，随时瞻视夫主，不令有乏，承事供养。尔时，诸天便复将护，若人、非人不得其便，死便生天。是谓，长者！此名妇人似母者也"；"彼云何有妇似亲亲？于是，长者妇见夫已，无有增减之心，同其苦乐，是谓其人似亲亲者也"；"彼云何名为妇如似贼？于是，女人若见夫已，便怀瞋恚，憎疾夫主，亦不承事恭敬礼拜，见辄欲害，心在他所。夫不亲妇，妇不亲夫，不为人所爱敬，诸天不拥护，恶鬼侵害，身坏命终，入地狱中，是谓斯人如似贼也"；"彼云何名妇人如似婢也？于是，贤良之妇见夫主随时瞻视，忍其言语，终不还报；忍其寒苦，恒有慈心，于三尊所，亦生斯念：'此存我在，此衰我耗'。以此之事，诸天拥护，若人、非人皆悉爱念，身坏命终，生善处天上。"① 此处，佛陀用"似母""似亲""似婢""似贼"四种比喻来定义妇女的角色，前三种是恪守妇道的表现，死后有生天的善报，而最后一种则命终堕入地狱。佛教典籍不仅仅只有出世间的修行法，也经常涉及一些世俗生活中的伦理问题，而且两者常常互相勾连。此处借佛陀之口而表达的女性观与传统男权社会中的"妇道"观并无二致。佛教比较特殊的是从宗教修行的角度对女性问题的阐释。

① 《增一阿含经》卷四十九，CBETA，T02，no.0125，p. 0821a04。

在佛陀入般涅槃三个月后的第一次结集大会上，大迦叶指责阿难求请世尊允许女性出家，令佛法早衰，几部广律对此事件均有记录。如四分律中记载，

> 大迦叶语阿难言："汝于佛法中先求度女人，得突吉罗罪。今应忏悔。"阿难答言："大德！此非我故作，摩诃波阇波提于佛有大恩，佛母命过长养世尊。大德迦叶！我今于此不自见有罪，以信大德故，今当忏悔。"①

大迦叶对阿难的指责是指《中阿含经》的"瞿昙弥经"所记载的阿难为女子出家请求世尊一事。当时，"瞿昙弥大爱"（即摩诃波阇波提，释迦牟尼之养母、其生母摩耶夫人之妹妹）三次向世尊请求："女人可得第四沙门果耶？因此故，女人于此正法、律中，至信、舍家、无家、学道耶？"即女人能否如同男性一般出家为比丘修行？女人能否修证阿罗汉果？三次请求都为佛陀所拒绝。之后大爱夫人将此事告诉了阿难，后者便代为请求。佛再次拒绝，并告诉阿难不听女子出家的理由是如若听任女子出家，"令此梵行便不得久住"。佛陀用譬喻形容道，犹如男少女多的人家，如何能够兴盛？又"犹如稻田及麦田中，有秽生者必坏彼田"。阿难以大爱夫人抚养世尊长大以及女人出家亦可证四果为由再次请求，最终说服佛陀允许女性出家为比丘尼。不过佛陀同时制定了"八尊师法"，比丘

---

① 《四分律》卷五十四，CBETA，T22，no.1428，p. 0967b27。

尼须尽形寿奉持。所谓"八尊师法"是指：[①]

　　一、比丘尼当从比丘求受具足。

　　二、比丘尼半月半月往从比丘受教。

　　三、若住止处无比丘者，比丘尼不得受夏坐。

　　四、比丘尼受夏坐讫，于两部众中当请三事，求见、闻、疑。

　　五、若比丘不听比丘尼问者，比丘尼不得问比丘经、律、阿毗昙，若听问者，比丘尼得问经、律、阿毗昙。

　　六、比丘尼不得说比丘所犯，比丘得说比丘尼所犯。

　　七、比丘尼犯僧伽婆尸沙，当于两部众中，十五日行不慢。

　　八、比丘尼受具足虽至百岁，故当向始受具足比丘极下意稽首作礼，恭敬承事，又手问讯。

　　"八尊师法"将比丘视为指导老师，比丘尼视为学生弟子，八条规定几乎完全是传统师生之间的相处模式。摩诃波阇波提夫人出家若干年后，与其他"长老上尊"比丘尼都是颇有修为，甚至为王者所识。因此，她们去见阿难，希望年少新学比丘见到这些长老上尊比丘尼能够稽首作礼。阿难以此事转问佛陀，得到了否定的回答。佛陀进一步说了女人出家后僧团在受布施和威信方面受到了影响，如果女人不出家，"正法当住千年，今失五百岁，余有五百年"。女人出家对僧团造成的影响，《毗尼母经》中归结为十事："一者若女

人不出家者，诸檀越等常应各各器盛食，在道侧胡跪授与沙门；二者若女人不出家者，诸檀越等常应与衣服卧具逆于道中求沙门受用；三者若女人不出家者，诸檀越等常应乘象马车乘在于道侧以五体投地求沙门蹈而过；四者若女人不出家者，诸檀越辈常应在于路中以发布地求沙门蹈而过；五者若女人不出家者，诸檀越辈常应恭敬心请诸沙门至舍供养；六者若女人不出家者，诸檀越辈见诸沙门常应恭敬心净扫其地脱体上衣布地令沙门坐；七者若女人不出家者，诸檀越辈常应脱体上衣拂比丘足上尘；八者若女人不出家者，诸檀越辈常应舒发扫比丘足上尘；九者若女人不出家者，沙门威德过于日月，况诸外道岂能正视于沙门乎；十者若女人不出家者，佛之正法应住千年，今减五百年。"①

此外，经中还提到女人"不得行五事"，即不得成等正觉（如来）、转轮圣王、天帝释、魔王和大梵天②。此说法后续佛典多有继承，是为女人身的"五碍"（五障、五漏）③。为何女子有"五碍"？《施设论》对此的解释是"诸女人善力劣弱，男子胜善乐欲根力之所建立，以其极生善欲心故；女无势力，皆是男子善业因作；又复

---

① 《毗尼母经》卷三，CBETA，T24，no.1463，p. 0818b08。

② 《中阿含经》卷二十八，CBETA，T01，no.0026，p. 0607b04。

③ 如《妙法莲华经》"提婆达多品"、《大宝积经》"如来不思议性品第四之二"（此处加入其它经典）等都有所提到。然而南传《中部经典》卷十三提到的是"女人之成为阿罗汉、正等觉者，无如是处"。汉传诸经典中皆言女子不能成等正觉（佛），但可以证得四果（包括阿罗汉果）。南传《中部经典》的记载当是对阿罗汉与佛境界是否有差异问题上的不同看法，认为阿罗汉即是佛的境界。

女人，无其利根，唯彼男子善力成故，又彼男子善力增极，乃能获得利根胜业"①。也就是说，相比男子，女子善力弱、无势力、无利根，因而有此五碍。在《超日明三昧经》中，借上度比丘之口，对五碍以及为何女身不能成佛道进行了详尽的阐释：

> 不可女身得成佛道也。所以者何？女有三事隔、五事碍。何谓三？少制父母；出嫁制夫，不得自由；长大难子；是谓三。何谓五碍？一曰、女人不得作帝释。所以者何？勇猛少欲乃得为男，杂恶多态故为女人，不得作天帝释。二曰、不得作梵天。所以者何？奉清净行无有垢秽，修四等心，若遵四禅乃升梵天；淫恣无节故为女人，不得作梵天。三曰、不得作魔天。所以者何？十善具足尊敬三宝，孝事二亲谦顺长老，乃得魔天；轻慢不顺毁疾正教故为女人，不得作魔天。四曰、不得作转轮圣王。所以者何？行菩萨道慈愍群萌，奉养三尊先圣师父，乃得转轮王主四天下，教化人民普行十善，遵崇道德为法王教；匿态有八十四，无有清净行故为女人，不得作圣帝。五曰、女人不得作佛。所以者何？行菩萨心愍念一切，大慈大悲被大乘铠，消五阴化六衰，广六度，了深慧，行空无相愿，越三脱门，解无我人无寿无命，晓了本无不起法忍，分别一切如幻如化、如梦如影芭蕉聚沫，野马电燧水中之月，五处本无无

---

① 《施设论》卷三，CBETA，T26，no.1538，p. 0521a11。

三趣想，乃得成佛。而着色欲淖情匿态，身口意异故为女人，不得作佛。①

这里讲到女子不能成佛的原因是因为有"三事隔、五事碍"。所谓"三事隔"即女人年少在家时受父母规训，成年出嫁之后受丈夫管制，年长些了还须担当哺养后代的难杂事务。"五事碍"即女人不得作正觉（佛）、转轮圣王、天帝释、魔王和大梵天。五碍的原因此处解释为女人情绪多变、身心不清净、欲望深重、口是心非等等，以传统社会脸谱化的女性刻板印象作为所有女人不能成佛的原因。上度比丘的上述言论是对一位名为"慧施"的长者之女说的，代表了传统佛教中一分对女性偏见的观点。慧施女针对上度比丘的观点进行了有力的反驳，她说道：②

譬如画师治壁板素，和合彩具，因摸作像分赋彩色，从意则成。五道如是！本无处所随行而成。譬如幻师化作日月、帝释、梵天、转轮圣王、天龙鬼神、人民禽兽，随意则现，恍惚之间则不知处。生死如是！本无所有，从心所行，各自得之。至于本无，无幻无化、无合无散亦无处所，乃成佛耳！所以者何？五戒为人，十善生天，悭堕饿鬼，抵突畜生，恶堕地狱；行四等心，不解空行，生于梵天；倚空求度，散心着空，生无想天；六度无极之想不离三界，畏苦厌身，恶生死难志存泥

① 《佛说超日明三昧经》卷二，CBETA，T15，no.0638，p.0541b02。
② 《佛说超日明三昧经》卷二，CBETA，T15，no.0638，p.0541c01。

洹，故堕罗汉；发菩萨意欲度一切，不解本无着佛身相，欲疾
得佛，不得善师、不了善权，便中道止得缘觉道。斯之所行、
有合有散，则不得成无上正真道也。一切无相，何有男女？

正觉（佛）、转轮圣王、天帝释、魔王和大梵天等，本来就如
同画师作壁画那样，"本无所有，从心所行，各自得之"。依照自己
的身语意之行而有相应的果报，从胜义谛"一切无相"的层面上来
看，哪里有男和女？从成佛之修行的角度而言，则更没有男女之别
了。慧施女接着说，"不生色行、不观不空行、不灭色行、不舍执
行亦无造行。不生识行、不观不空行、不灭识行，不色生行、不识
生行，亦无归行无来无去，永无处所无所住行。不倚三界，不舍五
阴不受五阴，不舍俗行不想道行，是为道行得至正觉。不倚四等，
不想六度无极之行，不于三脱有所倚行，达空无相无愿之法，乃为
菩萨应顺法行不违正觉平等之行。如是上度！行斯法者，宁有方面
处所三界男女乎"①。对于空性的契入与现证乃"成正觉"之行，于
此不生不灭的智慧中，六度、解脱也只是言教，自然没有男女的分
别。慧施女从胜义谛上来说男女无别，皆可成等正觉。然而最终慧
施说完上述道理后转女身为男子，得"不起法忍"（即无生法忍）。
慧施女与上度比丘的对话及其最后以男子身得无生法忍的故事表征
了佛教经典中矛盾而复杂的女性观，在下文中我们将对此进行详细

---

① 《佛说超日明三昧经》卷二，CBETA，T15，no.0638，p. 0541c17。

的解读。

回到故事的开始，上度比丘关于女人为何不能成佛的解释突显了传统男权社会中，对于女性各方面能力低于男性的本质主义观念。认为女性修行能力弱或者女性本身就是（男人）修行道路上障碍的论述贯通大小乘经典，在佛教典籍中颇为常见，其形容女人之"劣"不仅仅是身体的，也是性格和修为的，是身口意三业全方位的"低劣"，在部派所传的《阿含经》中，此类观点十分盛行，比较典型的描述有："女人有忿懥。阿难！女人嫉妒，女人悭吝。阿难！女人乏慧。阿难！此是女人不令坐法庭，不令从事产业，不令往剑蒲阇之因、之缘"①；女人有"九恶法"："一者女人臭秽不净，二者女人恶口，三者女人无反复，四者女人嫉妒，五者女人悭嫉，六者女人多喜游行，七者女人多瞋恚，八者女人多妄语，九者女人所言轻举"②；八力："自在王者力、断事大臣力、结恨女人力、啼泣婴儿力、毁訾愚人力、审谛黠慧力、忍辱出家力、计数多闻力"，"女人之法现结恨力"，十力中怨恨女人力③；"贪欲名非道，寿命日夜迁，女人梵行垢，女则累世间"④；劫初光音天子来到世间，为地肥美味所吸引，食之多者失去神威光明，亦失神足不复能在空中飞

---

① 《增支部经典》卷四，CBETA，N20，no.0007，p.0141a14。
② 《增一阿含经》卷四十一，CBETA，T02，no.0125，p.0769c08。
③ 《杂阿含经》卷二十六，CBETA，T02，no.0099，p.0188b09。
④ 《杂阿含经》卷三十六，CBETA，T02，no.0099，p.0266a08。

行。其中，"天子欲意多者，便成女人，遂行情欲，共相娱乐"①；"女人成就九法系缚男子。云何为九？所谓歌、舞、伎、乐、笑、啼、常求方宜、自以幻术、颜色形体。计尔许事中，唯有更乐，缚人最急，百倍、千倍，终不相比。如我今日观察诸义，更乐缚人最急，无出是者，随彼男子系之牢固也"②。

女人"智短着多"，"女身罪秽"在传统社会中是个深嵌于常识中的偏见。《大智度论》卷三在解答为何僧团中见圣谛的人里比丘尼比比丘少很多这一问题时，说道，"女人多短智慧，烦恼垢重，但求喜乐；爱行多故，少能断结使，得解脱证。如佛说：'是因缘起法，第一甚深难得；一切烦恼尽、离欲得涅槃，倍复难见'。以是故，女人不能多得，不如比丘"③，《成实论》卷二也提到："经说女人为垢，实非垢也，是贪着等烦恼垢因故名为垢。又说五尘名欲，实非欲也，能生欲故名之为欲"④。除了自身的问题，"红颜祸水"也可能成为他人修行的障碍，这正是传统社会中性别偏见在佛教界的反映。佛教典籍中对此问题也多有讨论，"佛言女人为戒垢，女人非戒垢，是戒垢因故，言女人为戒垢"⑤。于是，"无明是生根，女人

---

① 《增一阿含经》卷三十四，CBETA，T02，no.0125，p.0737a15。
② 《增一阿含经》卷四十，CBETA，T02，no.0125，p.0765c25。
③ 《大智度论》卷三，CBETA，T25，no.1509，p.0084b01。
④ 《成实论》卷二，CBETA，T32，no.1646，p.0248b27。
⑤ 《大智度论》卷三，CBETA，T25，no.1509，p.0082b10。

是欲根，蕴为苦恼根，是故应舍苦"①。《大爱道比丘尼经》说"女人八十四态者，迷惑于人使不得道"②，详细列举了女人障碍男人成道的八十四个方面。《大宝积经》卷四十四，有一段文字堪称从负面描述女性的集大成者：

> 当知妇人是众苦本、是障碍本、是杀害本、是系缚本、是忧愁本、是怨对本、是生盲本，当知妇人灭圣慧眼。当知妇人如热铁花散布于地，足蹈其上。当知妇人于诸邪性流布增长。……所言妇者名加重担。何以故？能使众生负重担故，能使众生弊重担故，能使众生受重担故，能使众生持于重担有所行故，能使众生荷于重担遍周行故，能令众生于此重担心疲苦故，能令众生为于重担所煎迫故，能令众生为于重担所伤害故……所言妇者，是诸众生所输委处，是贪爱奴所流没处，是顺妇者所输税处，是妇媚者所迷惑处，是妇胜者所归投处，是屈妇者所凭仗处，妇自在者所放逸处，为妇奴者所疲苦处，随妇转者所欣仰处……复何因缘世人名妇为故第二？舍利子！如是女人，是犯尸罗第二伴故，是犯威仪第二伴故，是犯正见第二伴故，是饮食时第二伴故，是往地狱傍生鬼趣第二伴故，能障圣慧碍涅槃乐摄一切苦第二伴故，是以名为故第二也……一切女人生多过失无边幻诳故名母众。若有随逐母众自在，当知

---

① 《大宝积经》卷三，CBETA，T11，no.0310，p.0014a16。
② 《大爱道比丘尼经》卷二，CBETA，T24，no.1478，p.0954a06。

即堕魔罗手中自在为恶。如是舍利子！当知世界一切女人生多过失无边幻诳，心多轻躁、心多掉动，其心流荡倾覆不住。心似山狄、心似猨猴，善能示现幻诳之术。如是诸相，故名女人以为母众。又舍利子！言母众者即母幻村，又亦名为幻之城邑、幻王所都、幻客之亭、幻人之馆、幻国幻村、幻处幻方，是幻世间、是幻世界、是无边幻、是广大幻、是无量幻、是不可思议幻。舍利子！由如是等诸欲重过能趣恶道，故号女人名母幻村。舍利子！譬如幻师善学幻术，于大众中示现种种幻诳之事。舍利子！母村亦尔，善学女人幻诳之术，能令丈夫若见若闻若摩若触皆被系缚。又诸女人巧知惑媚，由知媚故势力自在，凡有所作歌舞戏笑、啼泣往来、若住坐卧，于一切时能令丈夫不得自在，随彼女人系缚驱使。舍利子！譬如世间成熟稻田被大雹雨伤残滋甚。如是舍利子！是母幻村，犹如大雹堕丈夫田，摧坏一切白法苗稼消灭都尽。舍利子！诸如是等能趣恶道贪欲重过，一切世间愚痴凡夫，为之幻惑不能觉了，而复摄受所爱妻妾诸女色欲为之迷醉。[①]

妇人是众苦和障碍修行之本，于是一切有志于修道的"丈夫"都应该警惕与远离。然而人有所造业从根本上讲是自身内心的问题，是身语意的过失，怎么可以把责任都推到对方身上呢？《大宝

---

① 《大宝积经》卷四十四，CBETA，T11，no.0310，p.0257c15。

积经》另一处地方又提到，应当"先知丈夫过患，然后观察女人过失"，"一切丈夫皆由四种不善愆过，为诸女人之所迷乱"①。问题的根本还是在于修行者自身。但无论如何，女人有如此多"障碍"修行的特质，《大般涅槃经》甚至提到，"善男子！是贤劫中复受女身、恶身、贪身、瞋身、痴身、妒身、悭身、幻身、诳身、缠盖之身。善男子！菩萨尔时亦无是业，但为众生得解脱故，以大愿力愿生其中，是名菩萨摩诃萨非现生后受是恶业"②，女子身被等同于贪瞋痴等烦恼的缠盖之身，似乎相比男子身，女子身从某种程度上而言，是一种"恶报"。于是，发阿耨多罗三藐三菩提心的女性修行者的目标之一自然是要后世不做"女身"，而后世不再投胎为"女身"也被视为一种通过修行而能实现的人间福报。《法华经》卷六中提到，"若有人闻是药王菩萨本事品者，亦得无量无边功德。若有女人闻是药王菩萨本事品，能受持者，尽是女身，后不复受"③。以重智慧解脱为特色的《般若经》也说，"身不生恶处，不作女人身，当持十戒"④，"若不退转位菩萨摩诃萨，不生地狱、傍生、鬼界、阿素洛中，亦不生于卑贱种族，谓旃荼罗、补羯娑等，亦终不受扇搋、半择、无形、二形及女人身，亦复不受盲聋、痦瘂、挛躄、癫痫、矬

---

① 《大宝积经》卷九十七，CBETA，T11，no.0310，p.0543c08。
② 《大般涅槃经》卷三十一，CBETA，T12，no.0374，p.0550c15。
③ 《妙法莲华经》卷六，CBETA，T09，no.0262，p.0054b26。
④ 《道行般若经》卷六，CBETA，T08，no.0224，p.0454b17。

陋等身，亦终不生无暇时处"①。于是，"愿诸女人，皆成男子，具足智慧"②成为了一种"善良"的愿望。"若我成佛，周遍无数不可思议无有等量诸佛国中所有女人，闻我名已得清净信，发菩提心厌患女身"③也成了度化众生成就清静佛国的重要本愿。《大宝积经》甚至还提到了有八法能转女身，"一者不嫉，二者不悭，三者不谄，四者不瞋，五者实语，六者不恶口，七者舍离贪欲，八者离诸邪见"④。

二、女性何以成佛？

在成佛问题上，大乘佛教对于女性的看法比部派佛教更为开通，既然一切众生皆有佛性，那么女子成佛就不存在可不可能的问题，而是如何可能。《妙法莲华经》提婆达多品中有一则龙女成佛的故事具有深刻的寓意。起因是智积菩萨问文殊师利菩萨是否有众生修行此经能速得成佛，文殊菩萨提到竭罗龙女，说她八岁就"智慧利根，善知众生诸根行业，得陀罗尼，诸佛所说甚深秘藏，悉能受持。深入禅定，了达诸法，于刹那顷发菩提心，得不退转，辩才无碍。慈念众生、犹如赤子，功德具足，心念口演，微妙广大，慈悲仁让，志意和雅，能至菩提"，智积菩萨表示怀疑，说自己无量

---

① 《大般若波罗密多经》卷三百二十五，CBETA，T06，no.0220，p. 0664a14。
② 《金光明经》卷一，CBETA，T16，no.0663，p. 0336b16。
③ 《大宝积经》卷十七，CBETA，T11，no.0310，p. 0094b14。
④ 《大宝积经》卷一百十一，CBETA，T11，no.0310，p. 0626b10。

劫苦行、积累功德以求菩提道，三千大千世界无数菩萨为众生舍命乃求成菩提，"不信此女于须臾顷、便成正觉"。此时，舍利弗尊者更进一步否定道，"女身垢秽，非是法器，云何能得无上菩提。佛道悬旷，经无量劫勤苦积行，具修诸度，然后乃成。又女人身犹有五障：一者不得作梵天王，二者帝释，三者魔王，四者转轮圣王，五者佛身。云何女身速得成佛？"当时已到现场的龙女即刻示现成佛：与会大众"皆见龙女忽然之间变成男子，具菩萨行，即往南方无垢世界，坐宝莲华，成等正觉，三十二相、八十种好，普为十方一切众生演说妙法……智积菩萨及舍利弗，一切众会，默然信受"①。

这个故事包含了几个寓意：首先，女身不但能成佛，而且能够急速成佛；其次，龙有神通和福报，却属于畜生道，龙女本身并非人类，而能急速成佛，更突显了一切众生皆能成佛的理念；再次，智积菩萨和舍利弗分别代表了佛教里面不同系统的想法。舍利弗是佛陀的十大弟子，智慧第一，他认为女身垢秽，有五障，根本连成佛都是不可能的。智积菩萨以自己和其他菩萨累世修行为例，并不否定女身成佛的可能性，而是怀疑龙女如何可能在须臾间成佛。经文以舍利弗代表小乘佛教传统的女人不能成佛的观点，智积菩萨则代表了大乘佛教中渐修的法门，龙女急速成佛的故事一下子抛出了女人能成佛，成佛可即身速成两个在早期佛教看来十分激进的观

① 《妙法莲华经》卷四，CBETA，T09，no.0262，p. 0035c16– 0035c19。

点。但女身不能直接成佛，必须先转为男身方得成佛。为什么女人虽能成佛，但必须先转男身呢？《大智度论》曰："女身作转轮圣王无是处。何以故？一切女人皆属男子，不得自在故。女人尚不得作转轮圣王，何况作佛！若女人得解脱涅槃，亦因男子得，无有自然得道。"①《施设论》说，传统社会中的女人大多各方面都依男人而无法独立，女子无法自然得道，必须依赖男子才能解脱涅槃，这一思想是男权社会将女人视为男人依附品的观念在佛法中的表征。如同女人不能作转轮圣王，女人不能作佛的原因是对于男人的依附性，决定性的因素是社会结构中的男女不平等，而非性别差异的本质因素。在传统社会的语境下，女人要得成佛，就必须在未来世先转男子身，因为"五碍"只是这一辈子的事，并非说女人永不得成佛。即《大智度论》所说的"女人可得作佛，非不转女身也。五碍者，说一身事"②。

《大宝积经》也持有女身转男身方得成佛的观点，认为"若有女人出世作佛无有是处，转女身已出世作佛斯有是处"。但在经中的另一处，一段目犍连与无垢施菩萨的对话又显示了大乘佛教认为修行道路上男女无差别的思想。目犍连问无垢施菩萨发无上正等正觉心那么久了，为何不转变自己的女人身？无垢施菩萨答道，"世尊记大德于神足人中最为第一，何为不转男子身也？……亦不以女

① 《大智度论》卷二十四，CBETA，T25，no.1509，p. 0237a16。
② 《大智度论》卷五十六，CBETA，T25，no.1509，p. 0459a05。

身得阿耨多罗三藐三菩提，亦不以男身得阿耨多罗三藐三菩提。所以者何？菩提无生，是以不可得"①。位列佛陀十大弟子之一的目犍连代表了传统佛教男身为贵的思想，无垢施菩萨则反问目犍连，你是佛弟子中神通第一的，为什么不转变自己的男子身？这一问实足讽刺了传统男尊女卑的观念，菩提无生而不可得，无上般若智慧面前本无男女身可分别，更不因男女身而成就空性智慧。这一故事比法华经的龙女急速成佛更突显了男女于佛法修行上平等无二的激进思想，也体现了佛教关于女性观念的两重性，即在第一义（胜义谛）上的男女平等或曰男女无分别，以及修行实践上的男尊女卑。

三、佛教女性观在大乘经典中的转变

大乘经典中所描述的诸多菩萨为度化众生故而现女身，这是否可视为是大乘佛教对于女性的观念较部派佛教更为开明的体现？未必。如前所述，大乘经典的许多描述中，女子身被等同于贪瞋痴等烦恼的缠盖之身，似乎相比男子身，女子身从某种程度上而言，是一种"恶报"。《大宝积经》卷中甚至还提到了有八法能转女身，"一者不嫉，二者不悭，三者不谄，四者不瞋，五者实语，六者不恶口，七者舍离贪欲，八者离诸邪见"②。

---

① 《大宝积经》卷一百，CBETA，T11，no.0310，p. 0563c03。《佛说离垢施女经》亦载有相同的故事，《大正藏》第12册No.0338。
② 《大宝积经》卷一百十一，CBETA，T11，no.0310，p. 0626b10。

　　《维摩诘经》中借天女之口言一切女子"虽现女身，而非女也。是故佛说一切诸法非男、非女"①。虽现女身而非女也的逻辑在不少经典中都有提到。如《大般涅槃经》"我又示现于阎浮提女身成佛，众人皆言：'甚奇，女人能成阿耨多罗三藐三菩提'。如来毕竟不受女身，为欲调伏无量众生故现女像，怜愍一切诸众生故，而复示现种种色像"②；菩萨"虽见女人不生女相，以不生相贪则不生，贪不生故非颠倒也。以世间人见有女相故，菩萨随说言有女人"③。这体现了经典结集者为了调和佛教典籍中一对常见矛盾的努力：在反映了传统社会性别偏见的女人"性劣"说与佛教中人人皆能通过努力修成正果的观点之间寻找平衡。

　　《大般涅槃经》中另有一有趣的说法，此经先说"若善男子、善女人等，无有不求男子身者。何以故？一切女人皆是众恶之所住处"，接着又话锋一转，说："是大经典有丈夫相，所谓佛性，若人不知是佛性者，则无男相。所以者何？不能自知有佛性故。若有不能知佛性者，我说是等名为女人。若能自知有佛性者，我说是人为丈夫相。若有女人能知自身定有佛性，当知是等即为男子。"④此处将佛性喻为"丈夫相"，知其者为男子，不知其者为女人，不论生

---

① 《维摩诘所说经》卷二，CBETA，T14，no.0475，p. 0548c02。
② 《大般涅槃经》卷四，CBETA，T12，no.0374，p. 0389b05。
③ 《大般涅槃经》卷二十六，CBETA，T12，no.0374，p. 0521a16。
④ 《大般涅槃经》卷九，CBETA，T12，no.0374，p. 0422a15。

理性别如何。此处是将性别刻板印象中的男胜女劣作为譬喻的喻依。《阿毗达磨大毗婆沙论》中也有类似的说法：

> 问：色无色界既无男根应非丈夫？

> 答：色无色界有丈夫用故名丈夫。丈夫用者，谓能离欲能成善事故名丈夫。如契经说。四向四果皆名丈夫，非诸女人皆无向果。如契经说。此大生主，虽是女人而入圣道，得果尽漏亦名丈夫。于此义中应作四句：或有丈夫不成就男根，谓生色无色界等；或有成就男根而不名丈夫，如扇搋半择迦等；或有丈夫亦成就男根，谓具男根离欲染等；或有非丈夫亦不成就男根，谓除前相。①

是否成就男根并不是判断修行得果的标准，女人如果能漏尽得果入圣道，亦即为"丈夫"。虽然依旧没有摆脱男尊女卑的传统观念，但为佛教修行上的男女平等打开了通路，即不论生理性别如何，只要能够了知佛法并如法修行的，即使是女人身，也等同于佛法殊胜意义上的"大丈夫"。

对提倡菩萨方便行的大乘佛教而言，女性也不再是需要厌恶的对象而不可接触。《善巧方便经》中曾说道，阿难入舍卫城乞食见众尊王菩萨与一女子同坐，回来后告诉佛陀，后者开示道："汝不应于住大乘者、菩萨正士生过失想。阿难！譬如声闻乘中初二果人

---

① 《阿毗达磨大毗婆沙论》卷九十，CBETA，T27，no.1545，p.0463c01。

求无漏道不以为难；具善巧方便菩萨摩诃萨亦复如是，求一切智不以为难。何以故？菩萨已离眷属缠缚故，已能安住佛、法、僧宝，不坏净信、不退转于阿耨多罗三藐三菩提。阿难当知，若有住菩萨乘者，不离一切智心，设于五欲法嬉戏而行亦无过失。所有诸佛如来得五根具足，其义如是。"①同卷里另有无垢比丘让一个贫女入自己的窟中躲避暴雨的故事。《大宝积经》中有一段话，将什么是菩萨方便行阐释得十分清楚："如诸菩萨摩诃萨所行方便，声闻缘觉之所无有……行方便菩萨能知随宜行于方便，如是教化一切众生，随其所欲而为现身，于所须物心无悋惜，乃至舍身为众生故，爱乐善根不求果报。知诸众生作善根已心无退转，即于尔时心生舍离，所现五欲永无恋着……菩萨摩诃萨行于方便亦得如是，为化众生处于五欲见法无常，不以常想而起于爱，又不自害亦不害他……菩萨虽有烦恼于五欲娱乐，不生三恶道牙，不损善根之色亦不退转。善男子！譬如鱼师以食涂网投之深渊，既满所求即寻牵出。善男子！行方便菩萨亦复如是，以空、无相、无作、无我智慧勋修其心结以为网，一切智心以为涂食，虽投五欲污泥之中，如其所愿牵出欲界，命终之后生于梵世……菩萨摩诃萨行于方便，虽处五欲共相娱乐，为化众生如其所求，以一切智呪断五欲缚生于梵世……行方便菩萨善藏智刀，而以方便处于五欲共相娱乐，为化众生。声闻

---

① 《佛说大方广善巧方便经》卷一，CBETA，T12，no.0346，p. 0167c08。《大宝积经》卷一百零六亦载有相同的故事，《大正藏》第11册No.0310。

见此方便菩萨处于五欲共相娱乐，不知方便故生浊心，或复怜愍谓为放逸：'如是之人尚不自度，况能救度一切众生？若能坏魔无有是处'。尔时菩萨善用方便智慧之刀，如其所求断诸烦恼尽令摧灭，以智慧刀至净佛土，无诸女人乃至无有一念欲想。"①

说到女身，就不能忽视作为跨文化现象而普遍存在于古代各文化中的男权制（patriarchy，又译"父权制"）。作为一种男性占统治和主导地位的两性不平等制度，它从生理差异出发强调男性统治的自然基础，将社会中可欲的价值观与理想的男性气质联系在一起，贬低女性的角色并将其客体化②。纵观佛教经典中的女性观，一方面它带着男尊女卑、男强女弱、男胜女劣等传统男权社会的强烈印迹，另一方面，在众生平等皆可成佛思想的感召下，它又不断自我调整以给予女性在修行上与男性平等的地位，对这一矛盾进行调和的努力贯穿于从原始佛教到大乘佛教的各个时期。

---

① 《大宝积经》卷一百零六，CBETA，T11，no.0310，p.0597a03。
② 李银河：《女性主义》，济南：山东人民出版社2005年版，第5–7页。

第八章　佛典中的"黄门"

黄门是佛经中经常出现的一类特殊人群，主要指失去性能力或生殖器有损伤的男性（佛经中有些地方也提到"黄门女"），"黄是中方之色，昔刑其势，号曰阉人，以卫中禁之门，故曰也"①，又称为不能男、扇搋、半择迦。依照佛教典籍，总体而言，黄门即使不算罪恶，对于比丘而言也是一种需要保持距离的对象。广律里规定，黄门不得受具足戒出家，大乘典籍中提到菩萨摩诃萨成就八种功德就能"现前见如来常住不坏法身"，其中第五种是"终不亲近比丘尼、女人、黄门"②。本章讨论的就是在佛典文本中不受待见的黄门。

一、何为黄门？

《四分律》提到的黄门有五种类别：生黄门、犍黄门（形残黄门）、妒黄门、变黄门、半月黄门。所谓生黄门，即天生的黄门；

① 《四分律行事钞资持记》卷一，CBETA，T40，no.1805，p. 0216a13。
② 《大法鼓经》卷二，CBETA，T09，no.0270，p. 0299b02。

犍黄门在卷五十九中又称"形残黄门"指出生后截去性器官作黄门者；妬黄门律说为平时没有行淫的能力，必须"见他行淫已有淫心起"；变黄门为在与他人行淫时失男根而变为黄门，即后天的阳痿或性无能；月黄门是"半月能男半月不能男"，当指性能力时有时无的男性①。《十诵律》卷二十一中"不能男"的区分与此类似，也是五种，即"一生不能男、二半月不能男、三妬不能男、四精不能男、五病不能男"。《摩诃僧祇律》卷二十三分六种"不能男"，即"一者生；二者捺破；三者割却；四者因他；五者妬；六者半月"，其中"捺破"和"割却"相当于《四分律》的"犍黄门"，"因他"不能男相当于"妬黄门"。此外，《俱舍论记》曰："扇搋、半择俱名黄门，故业品云二黄门二形。扇搋唯无根，无根有二：一本性扇搋，二损坏扇搋；半择唯有根，有根有三：一嫉妬。二半月。三灌洒。"②据此，扇搋属于无根（完全丧失功能）的，包括先天性的或后天损伤；半择是有根的，但并非功能完全，或需要见被人行淫才能被激起（嫉妬），或性功能时有时无（半月），或需要洗浴等灌洒的刺激。综合不同广律里的说法，黄门可分为先天与后天，或生理障碍与心理障碍，还可按照有根、无根整理成表6的形式：

---

① 《四分律》卷三十五，CBETA，T22，no.1428，p. 0812b23。
② 《俱舍论记》卷三，CBETA，T41，no.1821，p. 0056c03。

表6 黄门的不同分类[1]

黄门	扇搋（无根）	先天	生
		损伤	犍
			捺破
			割却
	半择（有根）	个人因素	半月
			变
		需外界刺激	精
			（嫉）妬
			因他
			灌洒

　　与黄门相关的人群还有无根和二根人。所谓无根指从外部看没有生殖器官（黄门中所谓"扇搋"的"无根"仅指没有性功能），二根指同时具有男女性器官，也就是通常所说的"阴阳人"。《五分律》将黄门、无根和二根人各自分成人、非人和畜生三种，合为九种[2]。《四分律》卷一提到，比丘犯波罗夷法的行淫对象有五种，分别是女子、童女、二形（阴阳人）、黄门和男子。其中，"人黄门二处行不净行，波罗夷：大便道及口。非人黄门、畜生黄门亦如是。人男、非人男、畜生男二处亦如是"[3]。波罗夷即是不共住，犯此法的比丘将被驱逐出僧团。此外，按照行淫的完成度，分别承担不同

---

① 本表参考了杨惠南：《"黄门"或"不能男"在律典中的种种问题》一文中的表格，《佛学研究中心学报》（中国台湾）2002年第7期，第49–92页。
② 《五分律》卷一，CBETA，T22，no.1421，p.0005a01。
③ 《四分律》卷一，CBETA，T22，no.1428，p.0571c10。

级别的罪责。如《五分律》里的规定，"比丘与人男、非人男、畜
生男二处行淫：大行处、口中。眠时，乃至嗽半时，波罗夷；过半
时、骨时，出不净僧伽婆尸沙，不出不净偷罗遮。无根男时、黄门
亦如是"①。也就是说，在性的议题上，与黄门行淫被视为与男人行
淫（同性性行为）类同。

二、佛典中有关黄门的禁戒

最初的戒律可能并未明确将黄门列入禁戒的对象。《僧祇律》
里提到，时舍卫城有一比丘入城乞食至一黄门家，

> 黄门谓比丘言："可前大德共作如是事来。"比丘言："世
> 尊制戒不得行淫。"彼言："我知制戒，不得与男女行淫，我非
> 男非女。"是比丘便随彼意。随彼意已即生疑悔，具白世尊。
> 佛告比丘："汝不知佛制戒不得行淫耶？""世尊我知制戒，自
> 谓不得与男女行淫，今此黄门非男非女。"佛言："比丘淫黄门
> 亦犯波罗夷。"佛言："比丘三处犯波罗夷。何等三？男、女、
> 黄门是为三。"②

此处，黄门的自我认同是"非男非女"③，也就是今天许多国家

---

① 《五分律》卷一，CBETA，T22，no.1421，p. 0005a11。
② 《摩诃僧祇律》卷一，CBETA，T22，no.1425，p. 0233c21。
③ 对于黄门"非男非女"的看法，经中也有提到，如《佛藏经》卷上，"譬如黄门
非男非女，破戒比丘亦复如是，不名在家、不名出家，命终之后直入地狱"，CBETA，
T15，no.0653，p. 0788b12。

法律所认可的第三性别。按照此事的记载，暗示了制定针对与黄门行淫犯波罗夷的戒条晚于针对与男、女行淫的戒条。对比丘尼而言，于三处与黄门行淫，同样犯波罗夷①。

除了淫戒，比丘律中也有不少其他与黄门相关的禁戒。在僧残法中，有一条是不能对女子说"粗恶淫欲语"，违者犯僧伽婆尸沙。但如若对"天女、阿须罗女、夜叉女、龙女、畜生女能变形者，黄门、二形，粗恶语令彼知者"则犯偷兰遮②；如若比丘粗恶语对象是男子与畜生不能变化者③则是突吉罗④。与此类似，比丘与女人身相触犯僧伽婆尸沙，与黄门或二根身相触，偷兰遮，与男人或畜生不能变化者身相触，突吉罗⑤。再譬如，"若比丘受他使，行和合男女，若娶妇、若私通，乃至须臾顷者，僧伽婆尸沙"；"若比丘和合女人，得僧伽婆尸沙罪。和合黄门，得偷兰罪；和合男子及畜生，得越比尼罪"⑥。因对象不同而差别处罚的僧残法还有自赞叹求身供养这条。这些僧残法中的相关规定，原本主要针对的是比丘与女子之

---

① 《四分律》卷二十二，CBETA，T22，no.1428，p. 0714a27。

② 《四分律》卷三，CBETA，T22，no.1428，p. 0581c15。

③ 佛教认为畜生有一类是可以变化自己身体而成人形的，类似一般意义上的妖精，比丘因此类能变化的畜生犯戒，往往处罚的等级要低于人，但高于不能变化的畜生，后者即一般意义上的畜生。

④ 《四分律》卷五十七，CBETA，T22，no.1428，p. 0987b24。

⑤ 《四分律》卷五十七，CBETA，T22，no.1428，p. 0986b26。

⑥ 此处的和合指与人做媒。《摩诃僧祇律》卷六，CBETA，T22，no.1425，p. 0276a23。

间的交流问题，当比丘犯戒的对象是男子时，罪责最轻，为突吉罗，只要自我忏悔即可；当对象是女子时，罪责最重，为僧伽婆尸沙。为何有这种区别？道宣法师解释为："前有方便心后称本境。"①从异性恋男性的视角而言，女性是其根本的爱欲对象，男子只不过是女子求之不得情况下的"方便"，因此一重一轻区别对待，而被视为中间地带"非男非女"的黄门或二根则罪责介于两者之间。

除了波罗夷与僧伽婆尸沙等重罪，与黄门的不当接触也可能导致其他较轻的罪罚。譬如，比丘与黄门、二根人同室宿，突吉罗（与女人同室宿，波逸提）②。再如，和尚应当呵责弟子的诸事中包括"好往淫女家""好往妇女家""好往大童女家""好往黄门家""好往比丘尼精舍"等③。比丘莫与"不能男身习近住、口习近住、身口习近住"，所谓"身习近住者，申手内坐、共出共入"，所谓"口习近住者，共染污心语"④。似乎对于僧团而言，黄门如同女子般是一种导致罪恶的源泉，应当远离或回避。部分大乘经典继承了此种思想，如《无极宝三昧经》中，弥勒菩萨问佛，初发心的修行者应如何做？佛陀回答有九法，其中之一是远离五事，即"一者恶沙门、

---

① 《四分律删繁补阙行事钞序》卷二，CBETA，T40，no.1804，p.0060c26。
② 《四分律》卷十一，CBETA，T22，no.1428，p.0638a11。《五分律》卷八此处未提到二根人。
③ 《四分律》卷三十四，CBETA，T22，no.1428，p.0804a22。
④ 《摩诃僧祇律》卷二十四，CBETA，T22，no.1425，p.0423b26。

二者恶婆罗门、三者恶黄门、四者恶牛恶马、五者蛇虮毒虫"①。但在《佛说宝如来三昧经》中，同样的故事，同样的九法，远离"恶黄门"变成了"黄门"②。

　　黄门是不能出家做比丘的。依照几部广律的规定，"杀父、杀母、杀阿罗汉、破僧、恶心出佛身血、自言犯边罪、犯比丘尼、若贼心受戒、破内外道、黄门、二根、畜生、非人"等十三种人是不能受具足戒出家的。不但不能受戒，且"若受应灭摈"③。即使已出家，发现后也要被驱逐出僧团。因此，在受具足戒前，受戒人须先经过问遮难的仪式，以确定是否出家的条件具足。需要问询的内容有十六遮，如是否患有"癞、若痈疽、白癞、干枯、癫狂"等五种病，父母是否同意等，大多是一些并非不可更改的情况。而不得出家的十三种人则属于十三重难（南传系统的《善见律毗婆沙》少犯边罪和非人两条，为十一种）。"犯边罪"指先前已受戒的出家在家佛弟子犯下重罪，"名佛海边外之人。不堪重入净戒海"；"贼心受戒"指不是发菩提心而是为了名闻利养故而受戒出家；"破内外道"指原本外道来受佛法，之后又舍戒复还外道，现在又再一次要受戒求佛法，所谓"彼此通坏，志性无定"，此类人只能先受沙弥戒四

---

① 《无极宝三昧经》卷一，CBETA，T15，no.0636，p. 0512c07。
② 《佛说宝如来三昧经》，CBETA，T22，no.1428，p. 0525b06。
③ 《四分律》卷五十九，CBETA，T22，no.1428，p. 1003b09；《四分律》卷六十，CBETA，T22，no.1428，p. 1014a17。

个月而随后定夺去留①。这十三情况属于本质性的问题，没有商量和改进的余地，黄门与二根也位列其中。因此，受戒仪式上，戒师必须问"汝黄门不？汝非二根不？汝是丈夫不？"②等问题以确定受戒者不属于十三难。甚至比丘尼受具足戒时，戒师也要当面问其"是女人不？女根具足不？汝非黄门不？非石女不？非二道合不？"③

黄门为何不能受具足戒出家？据记载，黄门不得受戒的直接缘由是一名黄门受戒为比丘后的不净行为，《四分律》记载：

> 尔时有黄门，来至僧伽蓝中，语诸比丘言："我欲出家受具足戒。"诸比丘即与出家受具足戒。受具足戒已，语诸比丘言："共我作如是如是事来。"比丘答言："汝灭去！失去！何用汝为？"彼复至守园人及沙弥所语言："共我作如是如是事来。"守园人沙弥语言："汝灭去！失去！何用汝为？"彼黄门出寺外，共放牛羊人作淫欲事。时诸居士见已讥嫌言："沙门释子并是黄门，中有男子者共作淫欲事。"时诸比丘以此因缘白佛，佛言："黄门于我法中无所长益，不得与出家受具足戒；若已出家受具足戒应灭摈。"④

《五分律》卷十七、南传《犍度》卷一中亦记载了类似的故事，

---

① 《四分律删繁补阙行事钞序》卷一，CBETA，T40，no.1804，p.0024b19。
② 《摩诃僧祇律》卷二十三，CBETA，T22，no.1425，p.0412b29。
③ 《五分律》卷二十九，CBETA，T22，no.1421，p.0187c21。
④ 《四分律》卷三十五，CBETA，T22，no.1425，p.0812b23。

并提到此后"受具足戒时应先问：'汝是丈夫不？'二根亦如是"。广律中还有比丘安居时，黄门贪恋比丘，意欲与比丘行不净的记录①。由此可见，一开始黄门出家并未被禁止，但因为部分出家或白衣黄门的不清净行为扰乱了比丘众的修行，破坏了僧团的威严形象，因此，随犯而制的佛陀从维护僧团的角度制定了黄门不得受具足戒的规定。多数广律里规定黄门即使已经出家了，被发现之后也要灭摈。当然也有例外，如《十诵律》中对于"病不能男"（因"朽烂、堕、虫噉"等不可抗外力原因而性无能者）与其他不能男有条件地所区别对待，如果"病不能男，先出家受具足已，若落、若朽烂、若虫噉、若不动，听住。虽不动，若舍戒还欲出家受具足，不应与出家受具足。若与出家受具足，应灭摈"②。出家时男相具足，但出家之后由于种种原因而成为"不能男"的比丘，如果持戒清净，则听任其留住僧团；即使没有破戒的行为，如果舍戒还俗，再次请求受具足戒出家时，就不被允许，在这种情况下，如果隐瞒实情入了僧团，被发现后，依然会被灭摈。

关于不接受黄门出家的原因，广律中未多展开，只是《十诵律》中有一句"不能男，不生我善法比尼故"③，即黄门不能持戒故。这

① 如《四分律》卷三十七，"有黄门贪爱比丘故，数唤比丘共行不净"，CBETA，T22，no.1425，p. 0834a24。

② 《十诵律》卷二十一，CBETA，T23，no.1435，p. 0153b18。

③ 《十诵律》卷二十一，CBETA，T23，no.1435，p. 0153b18。

一看法在论书和后代的阐释里得到了进一步的发展。《善见律毗婆沙》认为，黄门、畜生与二根人"不障天道，于四道果中有障碍"，是故不听出家①。即黄门虽然能通过自身努力往生天道，但是无法修成佛法中的四果，至于具体障碍是什么并没有说明。唐代道宣法师对此倒有具体的解释："此不男者虽禀人类，形微志弱，无任道器，反增欲染，虽进学业，终无登趣，故曰也。"②稍早的法砺法师也持类似的观点，认为黄门"性多烦恼，现不阶圣，以此垢心厚重，虽受不得"，"唯贪使为难主，若据形残，谓身根少分不具，遂使贪增上也"③。《俱舍论》认为，十三难中，黄门（扇㨄）为烦恼障，所谓"烦恼有二：一者数行，谓恒起烦恼；二者猛利，谓上品烦恼。应知此中唯数行者名烦恼障，如扇㨄等。烦恼数行难可伏除，故说为障。上品烦恼虽复猛利，非恒起故，易可伏除。于下品中数行烦恼虽非猛利而难伏除，由彼恒行难得便故"④。也就是说，在后世佛家论者眼中，黄门是意志薄弱、染欲心重的一群人，猛利的烦恼可断除，但黄门本质上永远处于烦恼之中，即使学法也没有证果的可能。

由此，《俱舍论》进一步发挥，提出了黄门与二根无法受戒亦

---

① 《善见律毗婆沙》卷十二，CBETA，T24，no.1462，p. 0759a28。
② 《四分律删补随机羯磨疏济缘记》卷三，CBETA，X41，no.0728，p. 0228a15。
③ 《四分律疏》卷七，CBETA，X41，no.0731，p. 0717c08。
④ 《阿毗达磨俱舍论》卷十七，CBETA，T29，no.1558，p. 0092b27。

无法得戒(形成戒体)的理论。论曰:

> 本性损坏扇搋半择及二形人无不律仪无间断善诸杂染法,
> 亦无律仪得果离染诸清净法,以何缘知扇搋等所有相续非律仪
> 依,由经律中有诚证故。谓契经说:佛告大名,诸有在家白
> 衣男子男根成就,归佛法僧起殷净心,发诚谛语自称我是邬波
> 索迦,愿尊忆持慈悲护念,齐是名曰邬波索迦。毗奈耶中亦作
> 是说:汝应除弃此色类人,故知律仪非彼类有。复由何理彼无
> 律仪?由二所依所起烦恼于一相续俱增上故,于正思择无堪能
> 故,无有极重惭愧心故。若尔何故无不律仪?彼于恶中心不定
> 故。又若是处有善律仪,则恶律仪于彼亦有。由此二种相翻立
> 故……又扇搋等如醎卤田故不能生善戒恶戒。世间现见诸醎卤
> 田。不能滋生嘉苗秽草。①

《俱舍论》根据阿含经中"男根成就"为成为优婆塞的前提条件以及律典中规定的黄门不得受具足戒而判定,黄门是不具有"律仪"的。为何没有"律仪"呢?因为烦恼相续增上,不能正思维,也缺乏深度的惭愧心。既然无法得戒,自然也不存在破戒("不律仪")的问题了,如同盐碱地里好的苗子和稗草均无法生长一般。广律和小乘论典中对于黄门的看法与对女人的看法颇为相似,即生理决定性格和能力的逻辑:身体残缺等同于性格或能力的缺陷。大

---

① 《阿毗达磨俱舍论》卷三,CBETA,T29,no.1558,p. 0080b21。

乘经典里有类似的表达，《大方便佛报恩经》言：

> 有四种人：一、男；二、女；三、黄门；四、二根。四种
> 人中，唯男女得戒，二种人不得戒，黄门、二根。如男女中，
> 若杀父、母、阿罗汉，出佛身血，坏法轮僧，污比丘尼，贼
> 住、越、济人，断善根——如是人等，尽不得戒。大而观之，
> 受染佛法者，盖不足言。若天、若龙鬼神、若欝单越、若不男
> 二根，种种罪人，尽得受三归也。①

这里的描述继承了广律中的十三重难，里面有些人是因罪而不
得戒，而黄门和二根则是因为生理原因不得戒，如同女人"天生"
在修行上无法企及男子，黄门与二根的天性就是不得戒的，但是他
们与其他非人、种种罪人还都是可以受三皈依的。如此，在佛教的
信徒中就形成了一种等级制，这些等级不是通过自身修行的努力而
体现的公平竞争，而是以先天性或不可抗拒力量来决定的。在同属
人道的众生里，修行的潜质男性高于女性，女性又高于黄门与二
根，最后一个群体由于其生理的某些缺陷，是被排斥在正式的佛教
僧团之外的。他们现世无法进入僧团修行，只能寄希望于此生积累
功德，来世转身为"正常"人，当然最好是男身，然后方有可能修
得正果。由此，对于佛家而言，理想的修行者就是"丈夫"。《阿毗
达磨大毗婆沙论》里对何为"丈夫"的阐释对此问题的认识很有帮助：

---

① 《大方便佛报恩经》卷六，CBETA，T03，no.0156，p. 0160b06。

丈夫用者，谓能离欲能成善事故名丈夫。如契经说。四向四果皆名丈夫，非诸女人皆无向果。如契经说。此大生主，虽是女人而入圣道，得果尽漏亦名丈夫。于此义中应作四句：或有丈夫不成就男根，谓生色无色界等；或有成就男根而不名丈夫，如扇搋半择迦等；或有丈夫亦成就男根，谓具男根离欲染等；或有非丈夫亦不成就男根，谓除前相。[1]

黄门因为男根不具足，因此在生理上就如同女人般没有丈夫相，那么性格必定是烦恼多而意志薄弱的，修行和持戒的能力自然也是不可靠的，甚至还不如女性，因为女人还有可能得四果入圣道，黄门连这种可能性都没有。对于黄门为何不能入僧团以及能在多大程度上与僧团互动，《瑜伽师地论》中也有一段相关的描述：

问：何故不许扇搋迦半择迦出家及受具足戒耶？

答：由此二种若置苾刍众中便参女过。若置苾刍尼众中因摩触等便参男过。由不应与二众共居。是故不许此类出家及受具足。又由此二烦恼多故。性烦恼障极覆障故。不能发起如是思择。彼尚不能思择。思择令其戒蕴清净现行。何况当证胜过人法。是故不许彼类出家及受具戒。又彼众中好人难得亦难观察。[2]

除了前述的对黄门烦恼障重、不能思择的本质主义描述外，此

---

① 《阿毗达磨大毗婆沙论》卷九十，CBETA，T27，no.1545，p. 0463c01。

② 《瑜伽师地论》卷五十三，CBETA，T30，no.1579，p. 0591b28。

处还提到了黄门不能受具足戒出家的现实方面的考虑。第一个是性别难题：黄门被认为非男非女，放在比丘众中就会造成触犯女性方面的禁戒，同理，将黄门安置于比丘尼众中，则会让后者触犯男性方面的禁戒，因此，在性别方面的尴尬使黄门无法加入比丘或比丘尼僧团中的任何一个[①]。第二个问题，黄门"烦恼重""智慧短"，但或许其中也有可以持戒修行的"好人"。不过此类人非常"难得"，且很难从外部进行观察和确认，所以只能与其他黄门一并拒之于僧团门外。可见，黄门不能受戒出家，最开始可能更多的是基于黄门于比丘比丘尼僧团两头均无法安置的现实原因，待后世在阐述黄门不入僧团的缘由时，本质主义的偏见却日益加重。这种偏见也为大乘佛教所继承，不过如同对女人的看法一般，标榜普度众生的大乘佛教对于黄门的观点比部派佛教要更开明。

譬如大乘菩萨戒相比具足戒，授予对象范围要广泛得多，《梵网经》云，除了犯有"七逆罪"（出佛身血、杀父、杀母、杀和尚、杀阿阇梨、破羯磨转法轮僧、杀圣人）的人，比丘"与人受戒时，不得蔺择。一切国王王子大臣百官、比丘比丘尼、信男信女淫男淫女、十八梵天、六欲天子、无根二根、黄门奴婢、一切鬼神尽得受

---

① 近年来，有为同性恋群体建立第三僧团的呼声，参见杨惠南：《"黄门"或"不能男"在律典中的种种问题》，《佛学研究中心学报》（中国台湾）2002年第7期，第49-92页。

戒"①。此处明确地规定了黄门、无根和二根人可以受戒，且比丘不得有所拣择，看来是直接针对先前广律中此三种人不得受戒的规定。然而，这只是大乘佛教普度众生之大愿的体现，并不等于黄门在其本质上得到认可。

对于为何有人现世受为黄门之身，在大乘经里是有诸多说明的。譬如《大般涅槃经》云："若有众生习近贪欲，是报熟故，堕于地狱。从地狱出，受畜生身，所谓鸽雀、鸳鸯鹦鹉、耆婆耆婆舍利伽鸟、青雀鱼鳖、弥猴麋鹿，若得人身，受黄门形、女人、二根、无根、淫女"②。堕入地狱的众生，从三恶道一步步趋向人道的过程中，初入人道，往往受无根、二根、黄门之身等，就佛经文本而言，他们并非真正意义上完整之人身，生于人道但为黄门身者，表明其前世之余业还未尽报除。广而论之，不但是黄门，就算受女人之身，在传统男权社会中也不是完整的"人身"。虽然男身并不必然等同于"丈夫相"，但男根具足的男身才可谓是人道中真正完整的"人"，是能堪佛法的修行之器，所以经说"所生之处，常作丈夫，不受女身，亦复不受黄门、二形卑贱之身"③是为生为人的大福报之一。

那么生为黄门的具体原因是什么呢？典籍中对此也有解释：

---

① 《梵网经》卷二，CBETA，T24，no.1484，p. 1008b21。
② 《大般涅槃经》卷二十四，CBETA，T12，no.0374，p. 0507c20。
③ 《佛说大乘造像功德经》卷二，CBETA，T16，no.0694，p. 0793c01。

"有四种因缘，令诸男子受黄门身。何等为四？一者残害他形乃至畜生；二者持戒沙门瞋笑、谤毁；三者情多贪欲，故心犯戒；四者亲犯戒人，复劝他犯"①。对于第一条，有他经认为，"以前世时坐喜犍象、马、牛、羊、猪、狗不可称数，令此众生苦痛难忍"②而今世为黄门身。总之，生为黄门是过去世所做之恶在今世获得的果报，特别是"情多贪欲"这条经常被强调，不少论著都将黄门等同于本质上的"烦恼障"。不过也有例外，如《大般涅槃经》中所说的一些菩萨，""善男子！我于贤劫受黄门身，无根二根及不定根。善男子！菩萨摩诃萨实无如是诸恶身业，为令众生得解脱故，以大愿力愿生其中，是名菩萨摩诃萨非现生后受是恶业"③。大乘佛教认为，菩萨为了普度众生，以愿力故，受畜生、非人、女身、黄门、二根等诸恶身，是其慈悲大愿的体现，而非因果报应里的果报。这是原始佛教中神通不敌因果的基础上，愿力能够超越因果的思想，突显了大乘突出信仰与愿力的特色。将黄门、二根等视为和其他众生一样需要度脱而非排斥的对象，甚至可以为他们授予菩萨戒，相比广律中与之保持距离的姿态，无疑是一种更开明的态度。

既然黄门不能加入僧团成为出家众，那么是否可以成为优婆塞作在家弟子呢？前面已说了黄门不得戒，无法授受包括五戒在内的

---

① 《佛说大乘造像功德经》卷二，CBETA，T16，no.0694，p. 0795c17。
② 《佛说罪业应报教化地狱经》卷一，CBETA，T17，no.0724，p. 0451c22。
③ 《大般涅槃经》卷三十一，CBETA，T12，no.0375，p. 0550c19。

所有戒从而形成戒体。不过成为优婆塞未必一定要受戒，这在诸多经典里都有提到，如《杂阿含经》曰：

> 佛告摩诃男："若优婆塞有信无戒，是则不具，当勤方便，具足净戒。具足信、戒而不施者，是则不具；以不具故，精勤方便，修习布施，令其具足满。信、戒、施满，不能随时往诣沙门，听受正法，是则不具；以不具故，精勤方便，随时往诣塔寺，见诸沙门，不一心听受正法，是不具足。信、戒、施、闻修习满足，闻已不持，是不具足；以不具足故，精勤方便，随时往诣沙门，专心听法，闻则能持。不能观察诸法深义，是不具足；不具足故，精勤方便，信、戒、施、闻，闻则能持，持已，观察甚深妙义，而不随顺知法次法向，是则不具，以不具故，精勤方便，信、戒、施、闻，受持观察，了达深义，随顺行法次法向。摩诃男！是名满足一切种优婆塞事"。①

依照这段话，成为优婆塞是可以有信而无戒的，只不过这样的优婆塞属于不具足的，离"满足一切优婆塞"事还很遥远，甚至第一步受戒都未达到，但不论如何，还是属于优婆塞团体的一员。《别译杂阿含经》卷八中对此有类似的记载，称期望成为满足一切优婆塞的愿望为"丈夫志"②。那么，是否只要信奉三宝，就能成为优婆塞了呢？《杂阿含经》中有一段记载佛陀开示何为优婆塞的文字：

---

① 《杂阿含经》卷三十三，CBETA，T02，no.0099，p.0237a05。
② 《别译杂阿含经》卷八，CBETA，T02，no.0100，p.0431c12。

"佛告摩诃男：'在家清白修习净住，男相成就，作是说言：我今尽寿归佛、归法、归比丘僧，为优婆塞，证知我！是名优婆塞'"①。此处的重点是"男相成就"中的"男相"是何意。一般的解读将此作为黄门和二根不能成为优婆塞的理由，因为男根不具足，所以无法成就男相。此段文字出现在《杂阿含经》卷三十三的九二七经里，之后的九二八、九二九经都是关于何为优婆塞的讨论，这个讨论对应于《别译杂阿含经》卷八的一五二、一五三和一五四经，除了《杂阿含经》的九二七经，其他几处均未提到"男相成就"。但优婆塞必须男相成就的说法经论中并不统一，如《舍利弗阿毗昙论》②提到欲成为优婆塞的人须"诸根男相具足，心无错乱，不为苦所逼"，但更多的是黄门可以皈依三宝而为优婆塞，但是无法受戒得戒体。《优婆塞戒经》曰：

> 若优婆塞受三归已，不受五戒，名优婆塞。若受三归，受持一戒，是名一分；受三归已，受持二戒，是名少分；若受三归，持二戒已，若破一戒，是名无分；若受三归，受持三、四戒，是名多分；若受三归，受持五戒，是名满分。③

此即《摩诃僧祇律》卷九："优婆塞者，三归一分行、少分行、

---

① 《杂阿含经》卷三十三，CBETA，T02，no.0099，p. 0236b15。

② 《舍利弗阿毗昙论》卷六，CBETA，T28，no.1548，p. 0573c10。

③ 《优婆塞戒经》卷三，CBETA，T24，no.1488，p. 1049a18。

多分行、满分行、随顺行此法，是名优婆塞。"①广律中也有黄门作优婆塞的记载，如《十诵律》中提到"若不能男居士、不能女居士妇、二根居士、二道合一道居士妇，比丘从是乞衣，得突吉罗"②。不过，虽可作优婆塞，但黄门作为男根不具足的人是无法受优婆塞五戒的，原因是上述诸多经论所说的黄门"不得戒"，即无法受戒形成戒体。经中所载的优婆塞受戒仪式如同比丘受具足戒仪式，需要确认受戒者的男根具足：

> 若知是人能如教作，过六月已，和合众僧满二十人，作白羯磨："大德僧听！是某甲今于僧中乞受优婆塞戒，已满六月中净四威仪，至心受持净庄严地，是人丈夫，具男子身，若僧听者，僧皆默然，不听者，说。"僧若听者，智者复应作如是言："善男子！谛听谛听！僧已和合听汝受持优婆塞戒，是戒即是一切善法之根本也，若有成就如是戒者，当得须陀洹果乃至阿那含果，若破是戒，命终当堕三恶道中。"③

除了无法受戒，已皈依三宝的黄门与普通优婆塞相比，似乎还有其他限制，如《瑜伽师地论》中提到的，④

> 问：何故此二虽受归依亦能随受诸近事男所有学处，而不

---

① 《摩诃僧祇律》卷九，CBETA，T22，no.1425，p. 0306a19。
② 《十诵律》卷二十三，CBETA，T23，no.1435，p. 0389a08。
③ 《优婆塞戒经》卷三，CBETA，T24，no.1488，p. 1049a04。
④ 《瑜伽师地论》卷五十三，CBETA，T30，no.1579，p. 0591b28。

得名近事男耶？

　　答：近事男者，名能亲近承事苾刍苾刍尼众。彼虽能护所受律仪，而不应数亲近承事苾刍苾刍尼众，苾刍苾刍尼等亦复不应亲近摄受若摩若触，如是种类又亦不应如近事男而相亲善。是故彼类不得名近事男。然其受护所有学处，当知福德等无差别。

此处提到的"此二"指"扇搋迦"和"半择迦"，在前述的经论里，他们可以受皈依而成为优婆塞，但不能受五戒。《瑜伽师地论》则认为黄门可以皈依三宝，但不能称其为"近事男"。近事男即优婆塞，梵文upāsaka，优婆塞是音译，近事男（attendant）是意译。黄门皈依后不能亲近比丘比丘尼，这可能是从关于"性"的禁戒中引申出来的禁忌，因为黄门非男非女，于比丘比丘尼两头均可能令其破戒，但是依照师地论的说法，黄门可以"随受诸近事男所有学处"，即可以受优婆塞五戒，且如能持戒，则所受的福德与男根具足的普通优婆塞没有差别。这一说法有两点值得注意：一、其他经论中说黄门可以皈依成优婆塞，但无法受戒，师地论说黄门可以皈依且可以受戒，但不得称为近事男。师地论对优婆塞的定义看似和其他经典不同，但其重点并非皈依后的黄门到底是不是优婆塞，而是皈依后的黄门能不能如同其他优婆塞那样亲近僧团，答案是否定的。原因在于黄门"非男非女"的身份；二、《瑜伽师地论》在论述黄门为何不能受具足戒成为比丘时，所给出的理由也是比丘与比丘尼两个僧团都难以接纳黄门"非男非女"的身份，这是依照戒律而言，在僧团管理上的一个暂时无法克服的现实问题。在黄门可以皈依但不能亲近僧团的问题上，给出的也是同样一个理由。黄门可以皈依、可以受戒并得戒，甚至黄门中也有少数堪能出家的"好人"（虽然很难观察判断哪些人是"好人"），《瑜伽师地论》相比其他典籍，对黄门的态度要开放得多。

不同历史时期、派别对黄门的看法并不一致，但总体上对黄门的歧视与特殊化是显而易见的。之所以黄门的地位比女性还低，依照当代的性别理论，在于其非男非女的存在打破了男女两种性别之间清晰的边界，一切使边界模式的事物似乎都为古人所厌恶进而妖魔化。许多宗教传统中均有类似的现象，他们是一般的社会习俗观念在宗教思想中的反应，又通过宗教的阐释来固化这一观念。

三、黄门包括"同性恋"吗？

佛教典籍中淫戒的规定对象并不仅限于异性，它的范围就人类而言，可以说包含了各种人群。如《五分律》卷28："有一比丘共二根女人行淫，有一比丘共二道合女人行淫，有一比丘共黄门行淫，有一比丘共男子行淫，有一比丘共小儿行淫。"[1]大乘典籍中也有相类似的说法，如《法华经》中提到：

---

[1]　《五分律》卷廿八，CBETA，T22，no.1421，p. 0182a11。

菩萨摩诃萨不应于女人身，取能生欲想相而为说法，亦不乐见。若入他家，不与小女、处女、寡女等共语。亦复不近五种不男之人以为亲厚，不独入他家，若有因缘须独入时，但一心念佛。若为女人说法，不露齿笑，不现胸臆，乃至为法犹不亲厚，况复余事。不乐畜年少弟子、沙弥、小儿，亦不乐与同师。常好坐禅，在于闲处，修摄其心。①

对于比丘而言，杜绝"男色"方面的吸引力似乎是与"女色"相当的，这让现代人不禁想起佛教中对于同性恋群体的看法。一般认为，在佛教典籍中同性恋群体被包含在"黄门"或"不能男"这一标签之下，一般比丘不得行淫的对象除了女子之外，会特意列出男子、黄门和二根。广律中虽然规定黄门是有性功能障碍的男子，但是在其所举的几个黄门勾引比丘的案例中，并没有显示出黄门在行淫中有任何障碍。这似乎暗示黄门包括了今天所说的同性恋群体，又或者部分黄门所谓的性功能障碍是就对象为女子而言的。除了前述的一些例子，此处再举两例以说明问题。《摩诃僧祇律》在说明六种"不能男"时，先讲述了一个有关不能男的故事：

佛住舍卫城，广说如上。尔时诸比丘夜房中眠，有人来摸索脚、摸索髀腹，复至非处。比丘欲捉取，便走出去。复到余处、堂上、温室处处如是。明日诸比丘共聚一处，自相谓言：

---

① 《妙法莲华经》卷五，CBETA，T09，no.0262，p.0037b02。

"诸长老！昨夜眠时有人来，处处摸索，乃至非处。正欲捉取即便走去。"复有比丘言："我亦如是。"乃至众多亦复如是。有一比丘作是念："我今夜要当伺捕捉取。"是比丘至暮，先眠伺之。诸比丘眠已，复来摸索如前，即便捉得，作是语："诸长老！使持灯来。"来已问言："汝是谁？"答言："我是王女。"复问："云何是女？"答言："我是两种，非男非女。"复问："汝何故出家？"答言："我闻沙门无妇，我来欲为作妇。"诸比丘以是因缘往白世尊。佛言："是不能男。"①

《十诵律》同样在阐释五种不能男之前，讲述了一个黄门"骚扰"僧团的故事：

佛在王舍城。是时跋难陀释子，与不能男出家，是人夜扪摸诸比丘。诸比丘驱出，到比丘尼边、式叉摩尼、沙弥、沙弥尼边，皆扪摸诸比丘尼、学戒尼、诸沙弥、沙弥尼，尽驱出。诸居士入僧坊内宿，亦扪摸诸居士。诸居士言："沙门释子中，有不能男出家与受具足。"一人语二人，二人语三人，恶名流布遍王舍城。②

广律中关于黄门或不能男的定义主要指丧失正常性能力的男性，而在诸如上述的具体案例里，黄门的含义要比前述规定丰富得多。第一个《僧祇律》中的例子，半夜骚扰比丘的黄门自称"我是

① 《摩诃僧祇律》卷二十三，CBETA，T22，no.1425，p. 0417c09。
② 《十诵律》卷六十，CBETA，T23，no.1435，p. 0153b18。

王女""我是两种，非男非女""我闻沙门无妇，我来欲为作妇"，由此看来，他是现在所谓的"第三性"或"跨性别者"（transgender）。现代社会关于人的性别要比传统社会复杂得多，学术界一般可以将其分为生理性别、心理性别和性倾向三个方面。生理性别男性而心理性别（自我认同）为女性且性倾向上喜欢男性的人，就是通常所说的"lady boy"，他们可以通过变性手术来改变自己的生理结构，也可以不变动身体，从外表的打扮、行为等方面来操演（perform）刻板印象中的女性气质。这种性别角色在某些文化中，如当今的泰国，是被承认其合法性的。《僧祇律》中的不能男应当就属于此种跨性别的类型。《十诵律》中的黄门或不能男则是"男女通吃"的典型，在今天，或许他会被冠以"双性恋"的标签。用今天的眼光来看，上述两个例子一为跨性别一为双性恋，均不算现代意义上的同性恋。当然，佛教广律中确有一些关于同性恋行为的例子或暗示，然而如果回到古代印度社会的语境，用时人的观念来看待黄门的现象，那么在此讨论黄门是否包括同性恋这个疑问本身就是存在问题的。同性恋作为一种本质主义的身份，是19世纪西方精神病学的"发明"，是现代医学权力扩张的后果之一。大部分古代文化对同性恋的看法和现代社会病理化后的同性恋观念颇为不同①。或许我们可以推测，与古代中国、古希腊等其他古代文明相类似，在古代印度，

---

① 关于欧洲古希腊男男情感以及同性恋作为西方现代的发明等论述，可参见［法］米歇尔·福柯：《性经验史》，佘碧平译，上海：上海人民出版社，2002。

同性性行为并不必然导致一种本质主义的身份标签，从佛教律典中关于出家和在家四众的戒条规定中也可以看出，比丘与女性、男性行淫；优婆塞与女性、男性行邪淫均为破重戒，行淫对象的性别差异在此并未产生本质的不同，都是淫欲导致的邪恶行为。不但如此，此中黄门与比丘、比丘与比丘亦或比丘与在家男性之间的差异也无任何意义。佛典中的黄门确实除了丧失性能力的男子之外，还包含了各种与传统刻板男性气质所不同的其他性存在（sexuality），但针对后者而言，重点是为其贴上非男非女的跨性别标签，现代意义上的同性恋观念在当时还不存在，能够与同性发生性行为的男子，只要其依旧保持着男性气质，则绝对不会被算入黄门之中。

因此，前述章节中关于黄门是否能够加入僧团或三皈依而成为优婆塞的重点主要不是确认皈依者是否是今天意义上的所谓异性恋男性，也不是考察其爱慕对象是男人还是女人，而仅仅是字面意义上的"男根具足"，即是否具有男性的性生理能力。在实践操作上，生理特征容易确认，生理上的男根不具足是不纯粹男性的表征，是非男非女的体现，从僧团管理上就需要摈除（理由如上一节所述）。包括古代印度在内的许多古老文明并没有对同性性行为有现代意义上的本质主义的对待倾向，一个男根具足，男性气质典型的有妇之夫，也可能以其他男子为行邪淫的对象。因此，在讨论佛教典籍中的黄门和"男根具足"具体指什么的时候，现代意义上的同性恋并不是佛教处理的对象，后者关注的是外在的非男非女气质。

由此，部分台湾学者提到的以同志佛教徒为主体的"第三教团"的构想①，其前提就存在问题。佛教律典中从未明确提出或暗示现代意义上的同性恋者不能加入僧团，因为当时并没有同性恋这种固化身份的概念，且一般男性也是有可能参与到同性性行为中的。修行的重点在于持戒，即断绝性行为，不论对象是男是女是非男非女或自慰。相反，律典和论书中对于黄门之非男非女特质的强调，将排除的矛盾主要指向了今天所说的跨性别群体。在普度众生的宏愿之下，当代佛教团体如何与跨性别者互动或许是一个更亟待讨论的问题。退一步而言，建立以同志为主体的佛教教团从原始佛教的基本精神来看也是有问题的。当初僧团初创时期，之所以佛陀将比丘比丘尼分为二部，也是考虑到男女之间在性上的吸引力是不利于持戒的，对外的形象也不好。如果真的成立同志教团，一群在性上有潜在互相吸引力的人士朝昔相处，不论于佛教律法精神还是就实际日常修行，这样的构想都是值得商榷的。

①　杨惠南：《"黄门"或"不能男"在律典中的种种问题》，《佛学研究中心学报》（中国台湾）2002年第7期，第49—92页。

第九章　佛典中的饮食禁忌

　　佛教律典对于出家人日常的衣食住行等各方面都有严格的规定。在南传、汉传和藏传佛教三支中，汉传佛教对于饮食的规定尤其严厉（日本佛教是一个例外）。大多数宗教典籍都会涉及一些饮食方面的禁忌，譬如《圣经·旧约·利未记》中对可食用与不可食用动物的复杂划分、《古兰经》中反复提到禁止食用自死动物、血液和猪肉。有关饮食的禁忌一般包含了食物的种类、食用方式、禁忌的适用人群、禁忌的适用场合等方面。

　　佛教有关饮食的禁忌与其他禁忌一样散见于三藏典籍各处，而以律藏为相对集中。曹魏嘉平年间（249—254）天竺僧昙柯迦罗在洛阳译出《僧祇戒心》，"中夏戒律，始自于此"[1]。此时，距佛教初传入夏已逾两个世纪。东晋十六国之后，在诸多高僧的推动下，至南北朝时期，绝大多数现存的汉传律论均已译出，包括小乘的"四律五论"，大乘的《梵网经》《菩萨地持经》等。这些律典的翻译大大推动了汉地佛教界的戒律实践，并直接促成了唐代律宗的创

---

[1]　《高僧传》卷一，CBETA，T50，no.2059，p.0324c15。

立。有趣的是，汉传虽是大乘佛教，然其戒律体系却以小乘诸律为基础，比丘与比丘尼所受具足戒依据的是法藏部的《四分律》（经过唐代律宗祖师道宣法师的大乘化阐释），大乘菩萨戒反而成为一种在小乘基本戒律之上附加的、且出家众与在家众都可以受持的加行。于是，汉地僧人同时奉持小乘具足戒与大乘菩萨戒，在家居士则在一般的五戒之外亦可受菩萨戒。菩萨戒与小乘戒律对于饮食的规定有不少差异。这些戒律涉足宗教信仰与日常生活的方方面面，包括饮食的禁忌。

佛教僧人的饮食禁忌，南传、汉传与藏传三地在实践中并不统一，除了各地自然与社会环境的差异，也涉及大小乘佛教对于食物禁忌的不同规定。小乘有关食物的禁忌相对集中地载于四律五论中，而大乘佛教的论述往往散见于经藏的不同经典中。在佛教大乘经典中，酒、肉与五辛均在严禁饮食的范围之内，且常常一起提及，如《楞伽经》中的一首偈子对此有详细的说明：

> 我说食中过，酒肉葱韭蒜，是障圣道分。我观三界中，及得圣道众；无始世界来，展转莫非亲。云何于其中，而有食不食？观肉所从来，出处最不净；脓血和杂生，尿屎脓涕合，修行净行者，当观不应食。种种肉及葱，酒亦不得饮，种种韭及蒜，修行常远离。常远离麻油，穿孔床不眠，飞扬诸细虫，断害他命故。肉食长身力，由力生邪念，邪念生贪欲，故不听食肉。由食肉生贪，贪心致迷醉；迷醉长爱欲，不解脱生死。为

利杀众生，为肉追钱财；彼二人恶业，死堕叫唤狱。三种名净肉，不见闻不疑；世无如是肉，生堕食肉中。臭秽可厌患，常生颠狂中；多生旃陀罗，猎师屠儿家。或生罗刹女，及诸食肉处；罗刹猫狸种，食肉生彼中。《象腋》与《大云》，《涅槃》《胜鬘经》；及《入楞伽经》，我不听食肉。诸佛及菩萨，声闻亦呵啧；食肉无惭愧，生生常颠狂。先说见闻疑，已断一切肉；妄想不觉知，故生食肉想。如彼贪欲过，障碍圣解脱；酒肉葱韭蒜，悉为圣道障。未来世众生，于肉愚痴说；言此净无罪，佛听我等食。净食如药想，犹如食子肉；知足生厌离，修行行乞食。安住慈心者，我说常厌离；师子豺虎狼，恒可同游止。食肉见者怖，云何而可食？是故修行者，慈心不食肉。食肉断慈心，离涅槃解脱；及违圣人教，故不听食肉。不食生梵种，及诸修行道；智慧及富贵，斯由不食肉。①

该偈子详细罗列了食用酒肉和五辛可能导致的果报，从世俗果报到障碍圣道的修行，甚至死后还可能堕入地狱，可谓十分严重。下文就有关酒、五辛和肉三类食物在佛典中的论述进行讨论。

一、酒

从针对优婆塞、优婆夷的五戒、八关斋戒，沙弥和沙弥尼的十

---

① 《入楞伽经》卷八，CBETA，T16，no.0671，p.0564a18。

戒，式叉摩那的六戒，到比丘和比丘尼所受的具足戒，再到大乘菩萨戒诸如《梵网经》中的十重戒、四十八轻戒，不饮酒是佛教大小乘诸戒的共法。

不杀、不盗、不淫、不欺、不饮酒此五戒在反映早期佛教面貌的四部《阿含经》中便有记载，所谓"不杀"，即"离杀、断杀，弃舍刀杖，有惭有愧，有慈悲心，饶益一切乃至蜫虫。彼于杀生净除其心"；所谓"不盗"，即"离不与取、断不与取，与而后取，乐于与取，常好布施，欢喜无吝，不望其报，不以偷所覆，常自护已。彼于不与取净除其心"；所谓"不淫"，即"离邪淫、断邪淫，彼或有父所护，或母所护，或父母所护，或兄弟所护，或姊妹所护，或妇父母所护，或亲亲所护，或同姓所护，或为他妇女，有鞭罚恐怖，及有名雇债至华鬘亲，不犯如是女。彼于邪淫净除其心"；所谓"不欺"即"离妄言、断妄言，真谛言，乐真谛，住真谛不移动，一切可信，不欺世间。彼于妄言净除其心"；所谓"不饮酒"，即"离酒、断酒。彼于饮酒净除其心"①。对佛教徒而言，五戒须"尽形寿"奉持，即终身不饮酒，无有例外。

《四分律》之《三十舍堕法》提到，"不舍饮酒、不舍淫欲、不舍手持金银、不舍邪命自活"是沙门"四大患"，其后果"能令沙门婆罗门不明、不净、不能有所照亦无威神"②。《四分律》之《九十

① 《中阿含经》卷三十，CBETA，T01，no.0026，p.0616c04。
② 《四分律》卷八，CBETA，T22，no.1428，p.0618c22。

单提发》对于饮酒的认定细节和相关处罚有明确的规定。饮酒，不论直接饮用还是煮过或调和其他食物饮、食，获波逸提（单堕罪，触犯者须忏悔自责，方能免堕恶趣）。如果饮用甜酒、醋酒、食用酒曲、酒糟，获突吉罗（原意"恶作"，罪轻于波逸提，故犯者须在其他比丘前忏悔，非故犯者自忏）。佛教身口意三业中，意业是根本，因此，就算没有饮酒的行为，但有了饮酒的想法，也获突吉罗罪。佛教戒律讲求"开遮持犯"，即戒条在一定的因缘条件下是可以网开一面的，就酒戒而言，如果其他药物无法医治，必须用到酒，或者仅以酒涂疮等外用，则不算犯戒①。

　　佛教戒律从不饮酒还进一步拓展到其他行为，包括不得劝说他人饮酒、不得买卖酒类等。如《梵网经》中，自饮酒和教人饮酒触犯四十八轻罪，而酤酒则位列十大重罪之一。对于不满足于"止戒"，更追求"作戒"的大乘佛教徒而言，除了自不饮酒，还要"教人不饮酒"。不过在龙树所撰的《十住毗婆沙论》里，说法又略为不同。该论是对《十地经》前二地的注释，主要阐释在家、出家菩萨的修行，特别是戒律问题②。整部论中提到了饮酒的问题，但没有涉及食肉和五辛的议题。论曰："酒是放逸众恶之门，常应远离不过于口，不狂乱不迷醉、不轻躁不惊怖、不无羞不戏调，常能一心筹量好

---

① 《四分律》卷十六，CBETA，T22，no.1428，p.0672b10–0672b16。
② ［日］平川彰：《印度佛教史》，显如法师等译，贵阳：贵州大学出版社2013年版，第332页。

丑。是菩萨或时乐舍一切而作是念：须食与食须饮与饮。若以酒施
应生是念，今是行檀波罗蜜时随所须与，后当方便教使离酒得念智
慧令不放逸，何以故，檀波罗蜜法悉满人愿，在家菩萨以酒施者是
则无罪。"①这边龙树提到了饮酒的危害极重，乃是"放逸众恶之门"，
应当远离。但如果应受施者所需以酒作为布施，那么应该以后以方
便教导对方远离酒，从而做到不放逸。这一说法十分典型地体现了
相比原始佛教与部派戒律中严格的规定，大乘佛教更讲求一种与随
顺方便度化众生相配合的持戒模式。只要心未贪着，以度化众生为
目的，那么行为上偶尔的"方便"是可以接受的。

为何要严禁佛弟子饮酒？各部律典中均有关于佛陀制定酒戒的
因缘。最初未制定禁酒之戒时，有比丘在酒肆或白衣家饮酒大醉之
后，"或堕坑堑，或突壁物，或破衣钵伤坏身体"，白衣见之，讥笑
道："我等白衣尚有不饮酒者，沙门释子舍累求道，而皆洪醉过于
俗人，空着坏色割截之衣！无沙门行，破沙门法"。佛陀知晓后，
以此因缘而结戒说，"若比丘饮酒，波逸提……有酒，酒色、酒味、
酒香；有酒，酒色、酒香、无酒味；有酒，酒色、酒味、无酒香；
有酒，无酒色、香、味，饮令人醉，若饮皆波逸提"②。在《四分律》
卷十六、《摩诃僧祇律》卷二十、《十诵律》卷十七、《根本说一切
有部毗奈耶》卷四十二中都记载了相似的故事与制戒因缘。

---

① 《十住毗婆沙论》卷七，CBETA，T26，no.1521，p. 0056b28。
② 《五分律》卷八，CBETA，T22，no.1421，p. 0060b16。

五戒中的杀、盗、淫、妄语四戒被称为"性戒"或"性重"，是根本戒，而饮酒令心散乱，导致"惭愧心坏，于三恶道不生怖畏，以是因缘，则不能受其余四戒"①，被视为"遮戒"或"遮重"。又《萨婆多毗尼毗婆沙》云："四是实罪，饮酒一戒是遮罪。饮酒所以得与四罪同类结为五戒者，以饮酒是放逸之本也能犯四戒。如迦叶佛时，有优婆塞以饮酒故，邪淫他妇、盗他鸡杀……虽非宿业有狂乱报。以饮酒故，迷惑倒乱犹若狂人。以饮酒故，废失正业坐禅诵经佐助众事。虽非实罪，以是因缘与实罪同例。"②《成实论》卷八也有类似的说法。

虽然最初禁酒的制戒因缘有维护比丘形象的考虑，但在不同的经典中，佛陀对不饮酒之原因的开示则多从修行的角度来切入。作为十善之一的不饮酒使人"生便聪明，无有愚惑，博知经籍，意不错乱"，从而"心意不乱，持佛禁戒，无所触犯"③，因为饮酒乃"心乱狂痴本"④，所以要"舍于饮酒，离放逸处"⑤。后续大乘经典从修行的角度出发，对于饮酒的危害进行了更详尽的罗列：

> 酒能毁坏色、无色业；酒能焚烧四果圣业；酒能增长暴恶之业；酒能不信正实因果；酒能增长烦恼诸苦；酒能发起

---

① 《优婆塞戒经》卷三，CBETA，T24，no.1488，p. 1064a26。
② 《萨婆多毗尼毗婆沙》卷一，CBETA，T23，no.1440，p. 0506c21。
③ 《增一阿含经》卷十六，CBETA，T02，no.0125，p. 0625b26
④ 《中阿含经》卷三十，CBETA，T01，no.0026，p. 0617a13。
⑤ 《长阿含经》卷十三，CBETA，T01，no.0001，p. 0083c14。

口四过非及怖畏事；酒能数起贡高、欺诈；酒能毁谤善友知识；酒能恒处众苦忧恼；酒能增长一切诸非；酒堕有情黑暗之处；酒堕有情饿鬼、傍生；酒能远离聪明智慧；酒能远离诸天神仙；酒能毁坏转佛法轮；酒能增长淫欲炽盛；酒能破坏清净梵行；酒能增长我慢放逸；酒似于风破坏世间；酒能坏乱长者之行；酒能忘失忍辱之心；酒能迷乱世间聪慧；酒能毁谤解脱之法；酒能远离诸佛净戒。①

除了破坏持戒修行，饮酒的坏处各经律中也多有提到，如《中阿含经》主要从世俗生活与事业经营的角度来陈列饮酒的害处，经云："若人饮酒放逸者，当知有六灾患：一者现财物失；二者多有疾患；三者增诸鬪诤；四者隐藏发露；五者不称不护；六者灭慧生痴。居士子！人饮酒放逸者，不经营作事，作事不营，则功业不成，未得财物，则不能得，本有财物，便转消耗。"②《四分律》在此基础上有所扩充，提到了饮酒的十种坏处：脸色难看、乏力、影响视力、面容瞋恨、挥霍资财、增添疾病、引发争斗诉讼、恶名流布、智慧减少以及死后堕入三恶道（即畜生、饿鬼、地狱三趣）③。在论典中，对经律中有关饮酒的过失进行了进一步的阐释，如《大智度论》中提到了饮酒的"三十五失"：

---

① 《妙法圣念处经》卷二，CBETA，T17，no.0722，p. 0422b02。
② 《中阿含经》卷三十三，CBETA，T01，no.0026，p. 0639c06。
③ 《四分律》卷十六，CBETA，T22，no.1428，p. 0671b21。

一者、现世财物虚竭，何以故？人饮酒醉，心无节限，用费无度故；二者、众病之门；三者、鬪诤之本；四者、裸露无耻；五者、丑名恶声，人所不敬；六者、覆没智慧；七者、应所得物而不得，已所得物而散失；八者、伏匿之事，尽向人说；九者、种种事业，废不成办；十者、醉为愁本，何以故？醉中多失，醒已惭愧、忧愁；十一者、身力转少；十二者、身色坏；十三者、不知敬父；十四者、不知敬母；十五者、不敬沙门；十六者、不敬婆罗门；十七者、不敬伯、叔及尊长，何以故？醉闷忱惚无所别故；十八者、不尊敬佛；十九者、不敬法；二十者、不敬僧；二十一者、朋党恶人；二十二者、疎远贤善；二十三者、作破戒人；二十四者、无惭、无愧；二十五者、不守六情；二十六者、纵色放逸；二十七者、人所憎恶，不喜见之；二十八者、贵重亲属及诸知识所共摈弃；二十九者、行不善法；三十者、弃舍善法；三十一者、明人、智士所不信用，何以故？酒放逸故；三十二者、远离涅槃；三十三者、种狂痴因缘；三十四者、身坏命终，堕恶道泥梨中；三十五者、若得为人，所生之处，常当狂騃。[1]

经律中死后堕入三恶道这种说法显然已经把饮酒的坏处从对今生的影响扩展到了来世。后世的大乘经对此有更详细的描述，如《妙

---

[1]　《大智度论》卷十三，CBETA，T25，no.1509，p. 0158b07。

法圣念处经》特别强调了贪酒的恶果："饮酒之人，但贪美味，不虑苦果。由此为因，堕于地狱受种种苦；从地狱出，若生人中，愚昧贫乏，不信因果，毁谤正法，轻慢贤善，烦恼增多，淫欲炽盛，远离解脱，暴恶缠缚，纤毫之善而非修习，极恶之因恒时亲近；如是展转，轮回诸趣，无解脱时。"也就是说，贪酒之人，死后不但要入地狱，且地狱果报完结之后，若再生于人间，还要继续受贪酒的各种恶报，如此辗转轮回没有出头之日。所以经中说，贪着饮酒之人，"心识迷乱，破犯恒多；酒力虽消，业报不灭，于五趣中轮回不绝，于一切罪中最为增上，乃至于俱胝劫，流浪不绝沉沦恶趣，烦恼缠缚"①。《正法念处经》对具体在地狱内受果报的细节有更令人恐怖的描述：

> 彼河池等洋白镴汁皆悉充满，饶恶毒蛇普遍其中，彼地狱人热渴甚急，即饮如是毒蛇和合洋白镴汁。彼恶毒蛇罪业所作，极甚微细，入罪人口，既入腹已，即便麤大，地狱人肚亦复增长，如是恶蛇在其身内，所有一切皆悉遍啮，先啮小肠而唼食之，是破戒人饮酒罪过。如是无量百千年岁，恶业所诳，彼蛇所啮、白镴所烧，如是烧啮，死已复生，戒人饮酒破戒罪过。②

由此可见，对佛教徒而言，从世俗角度而言，饮酒既影响今世

---

① 《妙法圣念处经》卷五，CBETA，T17，no.0722，p.0434a26。
② 《正法念处经》卷十二，CBETA，T17，no.0721，p.0065c21。

的现实生活，又使人死后与善道无缘；从宗教修行角度而言，饮酒令心散乱，触犯戒律，可谓百害无一利。

二、五辛

五辛是指五种吃后易造成口腔异味的辛辣食物。不同佛教典籍中关于五辛的记载略有出入。《梵网经》称为大蒜、革葱、慈葱、兰葱和兴渠①，《大明三藏法数》即以此版本注解五种食物。天台智者大师的《菩萨戒义疏》称五辛为蒜、葱、兴蕖、韭、薤。《入楞伽经》只提到葱、韭、蒜、薤，而刘宋求那跋陀罗译的《楞伽经》则用"葱及诸韭蒜"来指代。由于翻译术语的不统一，不同的中文称谓可能对应于同一种食物，而不同版本之五辛合计亦可能不止五种，但不出洋葱、青葱、韭菜、大蒜、香菜等气味浓烈的食品，而诸如当今人们常用的辣椒（美洲作物）、生姜等辛辣但不引起口腔异味的食品则不在五辛禁忌之列。

就禁食五辛的佛教文献而言，《大藏经》中提到"五辛"之名的佛经（不包括密教部）有《阿弥陀鼓音声王陀罗尼经》《大般涅槃经》《摩诃摩耶经》《大方等大集经》《地藏菩萨本愿经》《佛说

---

① 对于《梵网经》所提到的五辛名称，《梵网经菩萨戒本疏》中对此有所解释："此中五辛与余处别。余处有韭兰葱蒜及兴渠为五，此文五中大蒜可知。有人说，慈葱是胡葱，兰葱是家葱，上三是人间常食。革葱是山葱，北地有江南无，其兴渠，有说芸台是也，然未见诚文。有说，江南有叶似野蒜草，根茎似韭，亦名咾子。无子北地所无也。"参见《梵网经菩萨戒本疏》卷四，CBETA，T40，no.1813，p.0637a02。

佛名经》《治禅病秘要法》《佛说未曾有因缘经》《梵网经》《入楞伽经》《大乘入楞伽经》《佛说大般泥洹经》《文殊师利问经》《楞伽阿跋多罗宝经》等。《楞严经》虽在《大藏经》中归于密教部，但对整个汉传佛教的影响也非常大，在此也作为本节的考察范围。

之所以要禁食五辛，在大乘佛教徒看来，乃因"是五性热气荤味辣，修行者食，能杀法身，如食毒也，故须断之"①。对于食用五辛的危害，大乘经中有明确的说明。《入楞伽经》提到，"一切葱韭蒜薤臭秽不净能障圣道，亦障世间人天净处，何况诸佛净土果报"②。即因为五辛之味臭秽不净，所以能障碍修行之圣道。最著名的说法如《楞严经》云：

> 当断世间五种辛菜，是五种辛，熟食发淫，生啖增恚，如是世界食辛之人，纵能宣说十二部经，十方天仙嫌其臭秽咸皆远离，诸饿鬼等因彼食次，舐其唇吻常与鬼住，福德日销长无利益。是食辛人修三摩地，菩萨、天仙、十方善神不来守护，大力魔王得其方便，现作佛身来为说法，非毁禁戒赞淫怒痴，命终自为魔王眷属，受魔福尽堕无间狱。③

---

① 《首楞严义疏注经》卷八，CBETA，T39，no.1799，p. 0925b16。
② 《入楞伽经》卷八，CBETA，T16，no.0671，p. 0563b25。
③ 《大佛顶如来密因修证了义诸菩萨万行首楞严》卷八，CBETA，T19，no.0945，p. 0141c01。

南宋平江法云法师将此归结为"五失"："一生过、二天远、三鬼近、四福消、五魔集。"① 对于五辛的危害，北宋天台宗的慈云法师在《金园集》中辟有《戒五辛篇》，曾以偈子的方式总结道：②

> 五辛佛所说，障道定无疑，梵网招轻垢，楞伽损大慈，人天犹尚失，净土固难期，生啖增瞋念，熟食发淫思，讲经十二部，天仙悉舍离，善神不守护，恶鬼得便宜，薜荔唼唇吻，魔罗现佛像，福德因消灭，业障更弥滋，地狱铜兼铁，轮回网复羁，无端耽草味，殃祸大堪悲。

因此，《大般涅槃经》提出，对于修习菩提道者而言，断绝五辛是其修行道路上的第一步。如果能做到"不食肉、不饮酒，五辛荤物悉不食之"，那么此人"身无有臭秽，常为诸天、一切世人恭敬、供养、尊重、赞叹"③。汉传佛教特别重视五辛之戒，其实践渗入佛教徒日常生活的方方面面。如《法苑珠林》提到，对于欲通过造佛像而积累功德福报的人而言，"若欲修造理须如法"，其中就有关于饮食的禁忌，认为"饮酒食肉五辛之徒，不依圣教，虽经像数如尘沙，其福甚少"④。

---

① 《翻译名义集》卷三，CBETA，T54，no.2131，p. 1108b19。
② 《金园集》卷三，CBETA，X57，no.0950，p. 0015a11。
③ 《大般涅槃经》卷十一，CBETA，T12，no.0375，p. 0674b03。
④ 《法苑珠林》卷三十三，CBETA，T53，no.2122，p. 0540a10。

事实上,《阿含经》以及汉译四律五论中并未直接提到"五辛"或"五荤"的称谓,《阿含经》中更是连蒜、葱、韭等名称都未提及。五辛的说法多见于大乘经①。四律五论中多只是涉及五辛中的某一类或几类,提得最多的是蒜。相比大乘经中有关修行护持的天人神鬼叙事,律典则从僧团生活的现实角度,记载了不食五辛类食品的制戒过程。

在《四分律》《五分律》《摩诃僧祇律》《十诵律》四律中,我们可以发现佛陀禁止食蒜的两种因缘。第一种是由于蒜的异味。据化地部的《五分律》卷二十六记载,未禁止前,比丘生吃或熟吃蒜,"前食后食,无时不啖",有居士入比丘房中,讥笑沙门住处臭如庖厨。于是佛陀规定,不得无缘无故吃蒜,如果必须吃蒜,则不得在诸比丘的上风行走、站立。之后,有一比丘因为小事而吃蒜,食后因佛陀先前不得行立上风的规定而不敢去听法。佛陀知道后,斥责他为贪食蒜而耽误正法的学习,就进一步规定不得以"小因缘啖蒜,犯者突吉罗"。且比丘吃蒜后,七天内不得入讲堂、食堂、浴室、聚落等地,七天之后,必须抖擞清洗卧具,打扫熏香房间,洗澡洗衣完毕,方可恢复常态②。大众部的《摩诃僧祇律》卷三十一记载了

---

① 《佛祖统纪》卷三十三云,"杂阿含云革葱(茖同)慈葱(葱)木葱(非小蒜即韭)蒜(大蒜)兴渠(此五出梵网也)",然经查,《杂阿含经》中并未提及此类中的任何一种。

② 《五分律》卷二十六,CBETA,T22,no.1421,p. 0176a16。

一个近似的故事，并指出当比丘生病不得已或外用涂抹的情况下，允许用蒜，但不得在僧众中居住。类似的记载亦见《四分律》卷五十二和《十诵律》卷三十八，《根本说一切有部毗奈耶杂事》卷六的记载中还提到了"不应食蒜及葱韭类"。《铜鍱律》对制戒禁止食蒜的因缘以及开合的条件也有简要记载：

> 尔时，世尊为大会众所围绕，坐而说法，有一比丘食蒜，彼不欲困扰诸比丘而坐一面。世尊见彼比丘坐于一面，见而告诸比丘曰："诸比丘！彼比丘为何坐于一面？""彼比丘食蒜，不欲困扰诸比丘而于一面坐。""诸比丘！若噉此〔物〕，当远离如此说法，则当食此〔物〕否？""此事不然！""诸比丘！不得食蒜，食者堕恶作"。

> 又尔时，具寿舍利弗患腹痛。时，具寿摩诃目犍连至具寿舍利弗处。至已，语具寿舍利弗曰："友！舍利弗！汝以前腹痛依何而得安稳耶？""友！蒜也"。诸比丘以此事白世尊，〔世尊曰：〕"诸比丘！病之故，许食蒜。"①

第二种因缘为以蒜为缘起，但对治的是比丘过度贪食居士之供养以至影响到僧团形象，故而禁食。《四分律》卷二十五记载，一位名叫偷罗难陀的比丘尼，反复到一居士的田园中接受其供养的蒜，之后发展到带领其他沙弥尼去其园中拔蒜，直至拔光了园中所

---

① 《犍度》卷十五，CBETA，N04，no.0002，p. 0187a13。

有的蒜。事后园主讥讽其不知惭愧，贪得无厌。佛陀知晓后呵责了该比丘尼，并规定除药用外，不得食蒜①。《十诵律》卷四十四、《铜鍱律》卷十二的记载与此类似。《根本说一切有部比丘尼毗奈耶》之《噉蒜学处第七十三》也记载了相似的制戒因缘，且提到取蒜的比丘尼因贪心故被驱打出菜园。而《摩诃僧祇律》卷三十八记载的版本则是商人请比丘尼入园食蒜，但比丘尼将园地践踏得一片狼藉，从而引发佛陀禁食蒜的规定。值得注意的是，在第二种禁蒜因缘的记载中，食蒜本身并未为佛陀所呵责，佛陀所批评的是僧团中部分比丘、比丘尼在接受供养时的贪食，而上述几处的记载恰巧贪食的对象是蒜，贪婪而非食蒜是问题的根本所在。甚至《善见律毗婆娑》卷16中明确提到："蒜者，唯大蒜，食咽咽波夜提，余细蒜葱不犯。亦得以大蒜与食中作调和不犯"。也就是说除了大蒜，其他葱蒜类都可以吃，大蒜调和于其他食物中亦可食用。除了蒜，《摩诃僧祇律》中还提到了比丘于僧地种葱（当指洋葱）的方法，而无禁食的规定。

综上可见，五辛的禁忌主要出自大乘经，在反映早期佛教面貌的《阿含经》以及包括大众部的《摩诃僧祇律》在内的部派佛教四律五论中并没有五辛或五荤的提法（今天的南传上座部佛教依然没有五辛禁忌）。在四律五论中主要的禁忌是食蒜（《根有律杂事》中

---

① 《四分律》卷二十五，CBETA，T22，no.1428，p.0736c04。

提到了葱和韭），这一禁忌是在僧团日常生活中因上述两种因缘，佛陀随犯而制，逐步形成的。戒本中食蒜均犯波逸提罪，而律中广说制戒因缘的部分，往往是更轻的突吉罗罪，结合五分律卷二十六的故事以及《善见律毗婆娑》卷十六中的规定，可以推断，对于食蒜的严禁程度是逐步提高的。在大乘经典中，依旧可以看到五辛禁忌最早是围绕蒜的禁戒而逐步形成的。对比一些同本异译的佛经可以发现一些线索。如东晋法显法师所译的《大般泥洹经》里提到了"兴渠"与"蒜"，而北凉昙无谶译的《大般涅槃经》中只提到"蒜"，原文是"如人噉蒜，臭秽可恶，余人见之，闻臭舍去。设远见者犹不欲视，况当近之"①。昙无谶的《大般涅槃经》前十卷与法显的《大般泥洹经》是同本，所获梵本的时间也相差不大，均是公元四、五世纪之交。谶本只提到蒜，而显本还提到了兴渠，比较合理的推断是《涅槃经》集出之时，印度大乘佛教对于五辛类的禁忌还在形成之中，但同时代鸠摩罗什所译的《梵网经》中已有明确的"食五辛戒"，可见在公元400年之前，大乘佛教中的五辛之戒已经形成。那么，时间上相差无几的《梵网经》与《涅槃经》为何对于五辛禁戒的记载相差如此之大？如果我们考虑到这些经典所传出的地域，或许问题就可迎刃而解。法显的《涅槃经》梵本得自于中天竺华氏城，昙无谶是中天竺人，依《高僧传》卷二记载，其所携《涅槃经》梵

---

① 《大般涅槃经》卷四，CBETA，T12，no.0374，p.0386b07。

本得自中天竺。鸠摩罗什是西域的龟兹人，年少时只到过罽宾等北天竺地区，其所译《梵网经》的梵本很可能来自西域而非天竺。因此，完整的五辛禁忌传自西域（中亚）佛教而非当时印度佛教的传统。同为昙无谶所译的《菩萨地持经》卷四的《方便处施品》中饮食禁忌除了酒和肉之外，只提到了"葱"。可见，当时的中印度还未形成完备的五辛之戒，只是就其中一两样食物提出禁忌，其起源当是前述律藏中所反映的佛陀在世时对于食蒜的禁戒，而在西域地区，最迟公元四、五世纪之交，早期因具体世俗因素所制的不得食蒜的规定，在之后的大乘佛教时期逐步发展成五辛的禁忌，并用宗教的超自然因素加以阐释。

三、肉

汉传佛教的大乘菩萨戒严禁食用包括鱼、禽在内的一切肉类。《梵网经》提到佛弟子"不得食一切众生肉"，因为食肉者"断大慈悲性种子"[①]，诸多经典中都有类似提法。求那跋陀罗所译的《楞伽经》卷四罗列了各种不应食肉的缘由：众生辗转轮回，所食之肉很可能是自己过去世的姻亲眷属；禽畜乃至狗狐人兽等肉屠夫杂卖；生不净之气令众生恐怖憎恶；使修行者慈心不生；肉本身臭秽不净；令各种咒术无法成就；食肉之人为诸天所弃；令口气臭；多噩梦；使

---

① 《梵网经》卷二，CBETA，T24，no.1484，p. 1005b10、1005b10。

人贪着，饮食无节制；令修行者不生厌离世间之心；凡夫想食肉时，应该将此视为食子之肉、服药等，由此放弃食肉①。《楞严经》卷六更是从修行的角度强调：

> 食肉人纵得心开似三摩地，皆大罗刹，报终必沉生死苦海，非佛弟子，如是之人相杀相吞相食未已，云何是人得出三界？汝教世人，修三摩地次断杀生，是名如来先佛世尊第二决定清净明诲。②

由此可见，食肉与饮酒一般，于世俗生活和出世修行两方面均无益处。梁武帝所下的《断酒肉文》诏是不饮酒不食肉之因的集大成者，现摘录该文的其中一段用以分析：

> 当知啖食众生者是魔行。啖食众生是地狱种。啖食众生是恐怖因。啖食众生是断命因。啖食众生是自烧因。啖食众生是自煮因。啖食众生是自炮因。啖食众生是自炙因。啖食众生是自割因。啖食众生是自剥因。啖食众生是断头因。啖食众生是断手因。啖食众生是断足因。啖食众生是破腹因。啖食众生是破背因。啖食众生是刳腹因。啖食众生是碎髓因。啖食众生是抉目因。啖食众生是割鼻因。啖食众生是截耳因。啖食众生是贫穷因。啖食众生是下贱因。啖食众生是冻饿因。啖食众生是丑陋因。啖食众生是聋因。啖食众生是盲因。啖食众生是瘖因。

---

① 《楞伽阿跋多罗宝经》卷四，CBETA，T12，no.0375，p. 0513c11。
② 《楞严经》卷六，CBETA，T19，no.0945，p. 0132a03。

啖食众生是痓因。啖食众生是跛因。啖食众生是蹇因。啖食众生是疮因。啖食众生是疡因。啖食众生是疥因。啖食众生是癣因。啖食众生是瘤因。啖食众生是瘿因。啖食众生是瘑因。啖食众生是疵因。啖食众生是痛因。啖食众生是疖因。啖食众生是痔因。啖食众生是疽因。啖食众生是瘘因。啖食众生是癫因。啖食众生是致蚤因。啖食众生是致虱因。啖食众生是致蚊因。啖食众生是致虻因。啖食众生是遭毒虫因。啖食众生是遭恶兽因。啖食众生是病瘦因（啖食众生是寒热。啖法食众生）是头痛因。啖食众生是心痛因。啖食众生是腹痛因。啖食众生是胸痛因。啖食众生是背痛因。啖食众生是手痛因。啖食众生是足痛因。啖食众生是髓痛因。啖食众生是肠痛因。啖食众生是筋缩因。啖食众生是胃反因。啖食众生是脉绝因。啖食众生是血流因。啖食众生是咽塞因。啖食众生是喉痛因。啖食众生是风病因。啖食众生是水病因。啖食众生是四大不调适因。啖食众生是五藏不调适因。啖食众生是六腑不调适因。啖食众生是颠因。啖食众生是狂因。啖食众生乃至是四百四病一切众因。啖食众生是热因。啖食众生是恼因。啖食众生是受压因。啖食众生是遭水因。啖食众生是遭火因。啖食众生是遭风因。啖食众生是遭偷因。啖食众生是遭劫因。啖食众生是遭贼因。啖食众生是鞭因。啖食众生是杖因。啖食众生是笞因。啖食众生是督因。啖食众生是骂因。啖食众生是辱因。啖食众生是系因。啖食众生是缚因。啖食众生是幽因。啖食众生是闭因。啖食众生是生苦因。啖食众生是老苦因。啖食众生是病苦因。啖食众生是死苦因。啖食众生是怨憎会苦因。啖食众生是爱别离苦因。啖食众生是求不得苦因。啖食众生是五受阴苦因。啖食众生是行苦因。啖食众生是坏苦因。啖食众生是苦苦因。啖食众生是想地狱因。啖食众生是黑绳地狱因。啖食众生是众合地狱因。啖食众生是叫唤地狱因。啖食众生是大叫唤地狱因。啖食众生是热地狱因。啖食众生是大热地狱因。啖食众生是阿鼻地狱因。啖食众生是八寒八热地狱因。乃至是八万四千鬲子地狱因乃至是不可说不可说鬲子地狱因。啖食众生乃至是一切饿鬼因。啖食众生乃至是一切畜生因。当知饿鬼有无量苦。当知畜生有无量苦。畜生暂生暂死为物所害。生时有无量怖畏。死时有无量怖畏。此皆是杀业因缘受如是果。若欲具列杀果展转不穷尽。大地草木亦不能容受。向来所说虽复多途。举要为言。同一苦果。中自有轻重。所以今日致众苦果。皆由杀业恼害众生。略举一隅粗言少分。[①]

此处总共115个以食肉为"因"而导致的苦难，包括生理的、心理的、社会的和轮回的苦难等。梁武帝是中国历史上最笃信佛教的帝王之一，他极力反对佛教徒食肉，并运用王权，将素食推广到

---

① 《广宏明集》卷二十六，CBETA，T52，no.2103，p. 0295c14。

汉地的寺院僧团，形成流传至今的汉传佛教食素传统。

然而，在《阿含经》与四律五论中，并无禁止食肉的戒律，相反，多处提及居士以鱼肉供养比丘。如《十诵律》卷十三提到佛陀对诸比丘说："从今听食五种蒲阇尼食，谓饭、麨、糒、鱼、肉，五种食自恣受。"《摩诃僧祇律》卷十六中记载有居士通夜煮肉，做麦饭肉段供养比丘。《阿含经》与《四分律》还特别提到一些外道以及破坏僧团的提婆达多一系将"不食鱼、肉"列为其禁戒，在食肉议题上佛陀反而更为开放。究其原由，或因早期佛教施行乞食，檀越（施主）给什么就吃什么，过多的食物禁忌会给檀越和乞食僧人带来不便。但比丘食肉并非百无禁忌，在何种肉可食用方面有着诸多规定。

首先，有关肉食的获得方式上，比丘不得主动向居士乞讨"乳、酪、酥、油、鱼、肉"等"美食"，违者犯波逸提罪①；其次，在肉的种类方面，人肉、象肉、马肉、狮子肉、虎肉、熊肉、狗肉、蛇肉不得食，其缘由多是世俗性的，诸如防止野兽闻到同类之肉的气味而伤人②。《四分律》卷五十九的记载与此略有出入，少了蛇肉而多了豹肉、毒虫和罴肉。《十诵律》卷六十一还提到因猕猴似人肉，亦不应食；再次，就肉的性质而言，不故见（不见到特意为"我"杀）、不故闻（不听闻特意为"我"杀）、不故疑（不见现场有为"我"

---

① 《五分律》卷八，CBETA，T22，no.1421，p. 0055b10。
② 《五分律》卷二十二，CBETA，T22，no.1421，p. 0148b21– 0148c26。

而杀的迹象）的三种净肉才能为僧人所食。对此，《四分律》《五分律》与《十诵律》中均有明确记载。如《四分律》之《药犍度》中记载，"有如此三事因缘不净肉，我说不应食。若见为我故杀、若从可信人边闻为我故杀、若见家中有头有皮有毛、若见有脚血。又复此人能作十恶业常是杀者，能为我故杀，如是三种因缘不清净肉不应食"①。不过，大乘佛教徒于此有不同看法。

《大般涅槃经》卷四中通过佛陀与迦叶的对话指出，三种净肉只是佛陀的随事方便开导：②

> 迦叶菩萨复白佛言："世尊！云何如来不听食肉？"
>
> "善男子！夫食肉者，断大慈种。"
>
> 迦叶又言："如来何故，先听比丘食三种净肉？"
>
> "迦叶！是三种净肉，随事渐制。"
>
> 迦叶菩萨复白佛言："世尊！何因缘故，十种不净乃至九种清净而复不听？"
>
> 佛告迦叶："亦是因事渐次而制，当知即是现断肉义。"

经文继续说道：

> 其食肉者，若行、若住、若坐、若卧，一切众生闻其肉气，悉生恐怖。譬如有人近师子已，众人见之，闻师子臭，亦生恐怖……善男子！如人噉蒜，臭秽可恶，余人见之，闻臭舍

---

① 《四分律》卷四十二，CBETA，T22，no.1428，p.0872a18。
② 《大般涅槃经》卷四，CBETA，T12，no.0374，p.0386a14。

去。设远见者犹不欲视，况当近之？诸食肉者亦复如是，一切众生闻其肉气，悉皆恐怖，生畏死想；水陆空行有命之类，悉舍之走，咸言此人，是我等怨。是故菩萨不习食肉，为度众生，示现食肉，虽现食之，其实不食。善男子！如是菩萨清净之食犹尚不食，况当食肉？

此处佛弟子不应食一切众生肉的理由不出《楞伽经》中所罗列的，但毕竟部派佛教所流传的律典中明确表白有佛陀听食三净肉的记载，于是，大乘学者从普度众生的角度，运用了一个他们在解释许多世俗的示现方便时会提到的理由，即"菩萨不习食肉，为度众生，示现食肉，虽现食之，其实不食"。这一"示现"的逻辑是大乘菩萨行的重要思想，如唐译《大般若波罗蜜多经》中说：

（菩萨）虽能远离一切恶法，亦能摄受一切善法而无取着。无取着故，从一佛土至一佛土，从一世界至一世界，为欲饶益诸有情故，所欲示现诸神通事，皆能自在示现无碍。谓或示现雨众妙花，或复示现散众名香，或复示现作诸伎乐，或复示现震动大地，或复示现众妙七宝庄严世界。或复示现身放光明，盲冥众生悉蒙开晓。或复示现身出妙香，诸臭秽者皆令香洁。或复示现设大祀，于中不恼诸有情类，因斯化导无边有情，令入正道，离断生命，离不与取，离欲邪行，离虚诳语，离离间语，离麁恶语，离杂秽语，离贪欲，离瞋恚，离邪见。或以布施摄诸有情，或以净戒摄诸有情，或以安忍摄诸有情，或以精进摄诸有情，或以静虑摄诸有情，或以般若摄诸有情。为欲饶益诸有情故，或舍财宝，或舍妻子，或舍王位，或舍支节，或舍身命。随诸有情应以如是如是方便而得饶益，即以如是如是方便而饶益之。①

也就是说，很多世俗之事并不是菩萨自己意欲所作。菩萨本身于善恶法都无所取着，只是为了饶益、度化众生，所以在机缘成熟时显示出种种方便，其目的是为了能更好地引导众生趋向佛法。这种方便涉及世俗生活的方方面面，食肉也是其中之一。依照《涅槃经》，一方面，从根本上而言，菩萨当然应该不食肉，但另一方面，菩萨为了度化众生的方便，似乎还是可以示现食肉的。可见《涅槃经》试图调和大乘食肉禁忌与先前部派佛教食三净肉的传统。这从另一个侧面反映，《大般涅槃经》前分虽然传到中国已经公元5世纪初，但其在印度本土的传出应该是后期大乘佛教经典中比较早的。一些后世大乘佛教僧人的日常实践在《涅槃经》中还被视为有障修行的"恶事"，经云：②

善男子！尔时复有诸沙门等，贮聚生谷，受取鱼肉，手自作食，执持油瓶、宝盖、革屣，亲近国王、大臣长者。占相星宿，勤修医道，畜养奴婢、金银、琉璃、砗磲、马瑙、颇梨、真珠、珊瑚、虎珀、璧玉、珂贝，种种果蓏，学诸伎艺，画师

---

① 《大般若波罗密多经》卷三百七十七，CBETA，T06，no.0220，p. 0947c20。
② 《大般涅槃经》卷四，CBETA，T12，no.0374，p. 0386b07。

泥作，造书教学，种植根栽，盅道呪幻，和合诸药，作倡伎乐，香花治身，樗蒱围棊，学诸工巧。若有比丘，能离如是诸恶事者，当说是人真我弟子。

可能当时出现上述罗列之现象的佛教徒不在少数，因此该经对这些现象进行了批评，食鱼肉自不必说，甚至包括了"学诸伎艺，画师泥作，造书教学，种植根栽……学诸工巧"等。可见《涅槃经》所传出的佛教团体在持戒禁忌上比一般的大乘佛教更接近于原始佛教，这也从一个侧面反映出，禁止食肉（包括三净肉）是大乘佛教兴起之后，比较早形成的一个有别于先前部派佛教的禁忌。

相比《涅槃经》，其他大乘经典中有进一步的说法以开食肉之方便。《文殊师利问经》第二分《菩萨戒品》中借佛陀之口说明某些情况下也是可以食肉的，在食用之前还需要说一段特殊的呪文（"多侄咃，阿捺摩阿捺摩，阿视婆多阿视婆多，那舍那舍，陀呵陀呵，婆弗婆弗，僧柯栗多弭，莎呵"）。文殊师利菩萨对此问道，既然可以食肉，那为何诸多大乘经典中都提到要完全断绝食肉？佛陀的答复是：

以众生无慈悲力，怀杀害意，为此因缘故断食肉。文殊师利！有众生乐粪扫衣，我说粪扫衣；如是乞食，树下坐、露地坐、阿兰若冢间，一食过时不食，遇得住处三衣等，为教化彼，我说头陀。如是，文殊师利！若众生有杀害心，为彼心故，当生无数罪过，是故我断肉。若能不怀害心、大慈悲心，为教化一切众生故，无有过罪。①

依照此经之说，先前佛陀开示的不得食肉的禁戒是防止众生慈悲力弱而有杀害心，如此者食肉则会造作无量罪过。如果有人能做到怀有大慈悲心，无杀害心或为了教化一切众生的缘故食肉（最后一条理由与《涅槃经》相同），则没有罪过。于是，能否食肉重要的不在行为，而是心，即是否有慈悲心和不生杀心。《文殊师利问经》中通过持咒的方式来净化食肉行为，在一些受到秘密佛教影响的后期大乘佛教典籍中则进一步发展为可以通过持咒的方式来消除违反饮食禁戒所带来的罪业。如《楞严经》中提到："善男子持此呪时，设犯禁戒于未受时，持呪之后众破戒罪，无问轻重一时销灭；纵经饮酒食啖五辛种种不净，一切诸佛、菩萨、金刚、天仙、鬼神不将为过。"②不过持咒本身就需要当事人的戒清净，以此清净身持咒方能发挥咒文的效果。如《大般涅槃经》提到，"是陀罗尼十恒河沙诸佛世尊所共宣说，能转女身，自识宿命。若受五事：一者梵行、二者断肉、三者断酒、四者断辛、五者乐在寂静，受五事已，至心信受、读诵书写是陀罗尼，当知是人即得超越七十七亿弊恶之身"③。这是一个能转女身为男身的陀罗尼，受持对象是妇女，

---

① 《文殊师利问经》卷一，CBETA，T14，no.0468，p.0493a10。

② 《大佛顶如来密因修证了义诸菩萨万行首楞严经》卷七，CBETA，T19，no.0945，p.0137b14。

③ 《大般涅槃经》卷四十，CBETA，T12，no.0375，p.0056c29。

因为如前章所述，传统佛教认为女子在修行上有先天的劣势，不如男子，因此也是弊恶之身的一种。受持此陀罗尼的人，需要先通过包括断酒肉五辛在内的持戒行为来塑造某种清净身，真心诚意地相信此咒有效，然后读诵书写，方能产生应验的效果。在此，饮食上的禁断是关键的一环。

总体而言，大乘佛教在不食肉的问题上是一致而严格的，对比说一切有部的《毗尼母经》将所有情况下都"不食肉鱼"视作僧团反叛者提婆达多的破僧五法之一，大小乘在食肉议题上的不同立场十分鲜明。

四、佛教饮食禁忌与"外道"的对比

不同的宗教社群往往有不同的饮食禁忌或习惯，而这些禁忌与习惯又反过来成为各宗教社群区别他者的显著表征之一。

大乘佛教兴起之后是反对一切肉食和五辛的，而佛陀在世之时，分裂僧团的提婆达多也提倡不食鱼和肉。文献记载，"提婆达多破僧有五法：一者尽形寿乞食；二者粪扫衣；三者不食酥盐；四者不食肉鱼；五者露坐。以此五法僧中行筹，可者受筹"①。破僧五法中有两法是与饮食禁戒相关的。除了食物的种类，有关饮食的禁忌还包括食用的方式、时间等。《阿含经》中记载了许多佛陀时

---

① 《毗尼母经》卷四，CBETA，T24，no.1463，p. 0823a17。

代沙门外道的一些行为特征，其中相当一部分是和饮食禁忌相关的。如《长阿含经》第二分之《散陀那经》记载，一位名为尼俱陀的外道苦行者奉行"离服裸形，以手障蔽，不受瓨食，不受盂食，不受两壁中间食，不受二人中间食，不受两刀中间食，不受两盂中间食，不受共食家食，不受怀姙家食，见狗在门则不受其食，不受多蝇家食，不受请食，他言先识则不受其食；不食鱼，不食肉，不饮酒，不两器食，一餐一咽，至七餐止，受人益食，不过七益；或一日一食，或二日、三日、四日、五日、六日、七日一食；或复食果，或复食莠，或食饭汁，或食麻米，或食穄稻，或食牛粪，或食鹿粪，或食树根、枝叶、果实，或食自落果"①。与此类似的，《长阿含经》还记载了名为尼乾子的外道所行的"七苦行"，其中包括了"尽形寿不饮酒食肉，而不食饭及与麨面"②。饮食习惯成为重要的宗教区隔之表征。

　　就佛教而言，戒律是在释迦牟尼带领僧团的修行生活中逐步摸索出的一系列规定，规制的形成多遵循随犯而制的原则。佛典中关于饮食的禁忌颇多，通过对酒、肉与五辛这三类主要禁忌的考察，我们可以看到，佛教的饮食禁忌，是在实践中不断添加、并逐步严格化的。早期部派佛教与后期大乘佛教在禁酒议题上高度一致，但对待食肉和五辛却立场不同，并部分造成今天南传上座部佛教与汉

---

① 《长阿含经》卷八，CBETA，T01，no.0001，p. 0047c14。
② 《长阿含经》卷十一，CBETA，T01，no.0001，p. 0066c18。

传大乘佛教僧团日常饮食禁忌的差异。由于佛教戒律中有"随方毗尼"之说，如佛陀所言，"虽是我所制，而于余方不以为清净者，皆不应用；虽非我所制，而于余方必应行者，皆不得不行"①，因此，为佛教戒律的删改留下了很大的空间。随方毗尼之所以存在，和佛教戒律自身的特点密切相关。

就饮食禁忌而言，圣经中将各种动物分为洁净的与可憎的，正确地选取食物事关一个人的圣洁性，而后者又关系到他是否能得到上帝的祝福。例如《圣经·利未记》第11节中提到：

> 凡蹄分两瓣、倒嚼的走兽、你们都可以吃。但那倒嚼、或分蹄之中不可吃的、乃是骆驼、因为倒嚼不分蹄、就与你们不洁净……水中可吃的、乃是这些，凡在水里、海里、河里、有翅有鳞的、都可以吃。凡在海里、河里、并一切水里游动的活物、无翅无鳞的、你们都当以为可憎……凡有翅膀用四足爬行的物、你们都当以为可憎。只是有翅膀用四足爬行的物中、有足有腿、在地上蹦跳的、你们还可以吃……凡走兽分蹄不成两瓣、也不倒嚼的、是与你们不洁净。凡摸了的、就不洁净……凡用肚子行走的、和用四足行走的、或是有许多足的、就是一切爬在地上的、你们都不可吃、因为是可憎的……你们不可因什么爬物、使自己成为可憎的、也不可因这些使自己不洁净、

① 《五分律》卷二十二，CBETA，T22，no.1421，p.0153a14。

以致染了污秽。我是耶和华你们的神、所以你们要成为圣洁、因为我是圣洁的. 你们也不可在地上的爬物污秽自己……要把洁净的、和不洁净的、可吃的、与不可吃的活物、都分别出来。

在依靠他力解脱的一神教语境下，食物与神圣是极度关联的。因为上帝是圣洁的，信徒也要圣洁，那就不能吃那些不圣洁的食物。正如著名人类学家玛丽·道克拉斯所言，在此，神圣性只是事关圣洁与憎恶的分隔（separating）[①]。

与此相对，佛教关于饮食的禁忌较少带有宗教神圣性的色彩，与其说它是一些强制性规定，不如将其视为生活与修行的指导方针。因为它关系到佛教徒自身日常生活的顺利以及后世不受恶报，更重要的是它还事关能否成功地通过宗教修行以达到解脱生死、出离三界的最终目的。毕竟，佛教戒、定、慧"三学"中戒是基础，"以戒为梯"才能升至"无上慧堂正法之阁"[②]。

---

① 参 见 Mary Douglas（1966）. *Purity and Danger: An Analysis of Concepts of Pollution and Taboo*. New York: Frederich A. Praeger.
② 《中阿含经》卷十九，CBETA，T01，no.0026，p. 0554a09。

第十章　结语

正因为存在着将神圣事物与凡俗事物分离开来的界限，所以，一个人倘若不去掉自己所有的凡俗的东西，就不能同神圣事物建立起亲密的关系。如果他没有或多或少地从凡俗生活摆脱出来，他就没有一点可能过上宗教生活……如果某人能够服从消极膜拜所规定的禁忌，那么他和以前就会大不一样。此前，由于他是个普通人，所以只能对各种宗教力量敬而远之。但此后，他与这些力量可以站在比较平等的地位上，他通过摆脱凡俗世界的活动，逐步接近了神圣世界；他抛弃了那些贬低其本性的卑贱琐碎的事务，使自己得到了纯化和圣化。[①]

——［法］爱弥尔·涂尔干

禁忌是人类生活中十分古老的话题。从史前时代以渔猎或种植业为生的原始先民到当代生活于高科技社会中的城市居民，人类日

---

① ［法］爱弥尔·涂尔干：《宗教生活的基本形式》，渠东、汲喆译，上海：上海人民出版社2006年版，第292–293页。

常生活中普遍存在着各种形式的禁忌，它们的前提往往被视为是不言而喻的。这些关于人、物、语言或行为的禁忌在其诞生之时一定有某种逻辑上的意义或功能，而随着时间的流逝，人们逐渐忘记了禁忌最初的缘起而仅限于对其形式上的遵守。禁忌以神话的方式为人们所接受。

宗教禁忌是各类禁忌中相对比较特殊的一种形式。不同宗教之间的禁忌多少有一些共性，但相对于其他宗教，特别是西方的一神教，佛教禁忌有其自身的特殊性。一方面如涂尔干所言，所有宗教中都存在着一定程度的禁忌体系，其差异只在于发展程度的不同[①]；另一方面，不同宗教间禁忌的差异又无法仅仅视为发展程度的差别，它还包含着终极目标和宗教实践等方面的不同。

佛教的禁忌主要以宗教律法的形式对其信徒形成一定的强制性。现存三藏典籍中就佛教徒需要遵循的宗教戒律有着清晰而明确的规定，其内容涉及日常生活的方方面面。虽然南传、汉传和藏传三大佛教传统在具体的日常宗教实践中存在着显著的差异，且各自的宗教禁忌往往超越了流传中的佛教历史文本，但总体而言，三藏典籍中的佛教律法被各地佛教徒们广为接受，可视其为有关佛教禁忌的核心文本。有关这些律法文本的具体名目及其历史源流，在论文第一至第三章中有具体讨论，在此不再赘述。本研究便以该文本

---

① ［法］爱弥尔·涂尔干：《宗教生活的基本形式》，渠东、汲喆译，上海：上海人民出版社2006年版，第294页。

为核心，探讨了佛教关于性与饮食议题的禁忌。

"佛说三藏教，毗奈耶为首"，律法既是维持佛教僧团的核心力量，又是佛教徒修行的核心内容。最初比丘中未有犯"有漏法"者，无需制戒。因为当时佛法还未兴盛，信仰的人可能不多，比丘尚未获得在家众的种种"利养"，为数不多的比丘所组成的僧团为寻求正法而存在，因此无需专门结戒。但佛法逐渐流布之后，许多目的不纯的人也加入僧团，戒律的逐渐增多、精细化、体系化与佛法的逐渐流行以及僧团的逐步扩大是密切相关的。基于这个原因，戒律的制定，佛陀也遵循了随犯而制的原则，意在规范僧团日常行为，以戒为导引促进修行实践。

在佛教中，与性有关的措辞用得最多的是"淫（婬）"或"淫（婬）欲"，"性"被视为洪水猛兽。不过佛经里有些地方"淫"未必是表示"性"，在一些经典，特别是早期的经典里，贪和淫往往合为"贪淫"，指放纵的贪婪，贪得无厌之意。因此，在这些经典里，"淫"既有"性"（sex）的意思，又可以指"贪"。在家的佛教徒须遵守不邪淫之戒，而出家众则必须完全断除淫行，在比丘犯戒的诸多行为中，行淫是最严重的。因为，淫欲是扰乱清静的心魔，是修行路上的最大障碍，阻止犯戒之事由一丝意念而转化成身口的行为，正是持戒之利用。

在佛教修行者眼中，虽然淫欲的祛除极端重要，但断除淫欲却又是极为不易之事。佛教针对修行人除却心中淫欲开发了各种方便之法，其中以般若智慧来正确地观待欲望为最根本性的途径。《阿含经》中，通过观察和了知淫欲之危害来逐步有次第地消除淫欲的方法，在大乘经里发展为般若智慧的一分。戒与慧既有一定的次第，又是互相促进的，见惑与修惑之断除虽逻辑上有先后，但在实践中却是相互促进，螺旋式上升的，防止淫欲之戒成为修行中不可或缺的一步。通过谛观心的刹那生灭而相续，知心无常，无我，并没有真正从淫欲等放纵行为中受乐的自在主体，此即观智修炼的一分。

　　针对特定的烦恼，佛家有特别对治烦恼的修行法门，譬如"行淫欲者，令观不净；瞋恚者，令观慈心；愚痴众生，令观十二因缘"[①]。"不净观"或曰"观身不净"是佛教里一个用以对治肉体欲爱的修行法门。佛法的不同法门如同治病之草药，对某种病灶有特效的药物对其他疾病可能完全无效甚至还有害，所谓对症下药的重要性。对于贪淫的人而言，修不净观来对治，是为善法。但如果是瞋恚重的人修此法门，观身之不净，反而可能加重其瞋恚心，适得其反。同样，慈心观于众生中观其好事与功德，适合对治瞋恚重的人，但若贪淫心重的人修慈心观，反而可能增加其贪淫之欲。不过不净观只是对治粗烦恼的法门，所以《成实论》曰："无有以不净观而得解脱，净观亦无解脱，但以空观能得解脱。"大乘佛教中观派认为，只有般若空观的智慧才能令人最终得解脱，而不是不净观。

----

① 《大智度论》卷九十四，CBETA，T25，no.1509，p. 0715c20。

佛教对性的禁忌自然而然会牵涉到性欲的对象，在传统男权社会中，以男人的视角来观察，性欲的对象便是女人。《增一阿含经》用"似母""似亲""似婢""似贼"四种比喻来定义妇女的角色。前三种是恪守妇道的表现，死后有生天的善报，而最后一种则命终堕入地狱。早期佛教从修行角度出发所形成的女性观乃解脱上的男女平等、制度上的男性优越和修行上的女性厌恶①。历史上的佛教僧团以男性为主，对多数男人而言，女性是其淫欲的对象，因此，佛教典籍中有许多"淫女"的记载。总体而言，女性的形象在不同时期、不同部派的佛教典籍中是不太一致的，这种不一致既有历史时期男权社会对于女性的偏见，也有因机说法场合的不同，还有佛教教理自身特点的影响。

在成佛问题上，大乘佛教对于女性的看法比之前的佛教更为开通，既然一切众生皆有佛性，那么女子成佛就不存在可不可能的问题，而是如何可能。因此，在女性成佛问题上，一些大乘经典试图调和许多佛教典籍中存在的一种常见的矛盾：反映传统社会性别偏见的女人"性劣"说与佛教中人人皆能通过努力修成正果的观点。

黄门是佛经中经常出现的一类特殊人群，主要指失去性能力或生殖器有损伤的男性（有些经典中也提到"黄门女"）。广律里规定，黄门不得受具足戒出家。一开始黄门出家并未被禁止，但因为部分

---

① 杨孝容：《略论佛教女性观及其与社会历史的共相嬗变》，《求索》2003年第6期，第193–195页。

出家或白衣黄门的不清净行为扰乱了比丘众的修行，破坏了僧团的威严形象，因此，随犯而制的佛陀从维护僧团的角度制定了黄门不得受具足戒的规定。对于不接受黄门出家之原因的具体解释，广律中未多展开，只是《十诵律》中有一句"不能男，不生我善法比尼故"①，即黄门不能持戒故。在后世佛家论者眼中，黄门意志薄弱、染欲心重，猛利的烦恼可断除，但黄门本质上永远处于烦恼之中，即使学法也没有证果的可能。广律和部派论典中对于黄门的看法与对女人的看法颇为相似，即生理决定性格和能力的逻辑：身体残缺等同于性格或能力的缺陷。

从实践的角度来看，最开始黄门不能受戒出家，更多的是基于黄门于比丘比丘尼僧团两头均无法安置的现实原因，待后世在阐述黄门不入僧团的缘由时，本质主义的偏见却日益加重。这种偏见也为大乘佛教所继承，不过如同对女人的看法一般，标榜普度众生的大乘佛教对于黄门的观点比小乘要更开明。在传统佛教中，黄门的地位比女性还低，依照当代的性别理论，其非男非女的存在打破了男女两种性别之间清晰的边界，那些使边界模糊的事物似乎都为古人所厌恶进而妖魔化。许多宗教传统中均有类似的现象，他们是一般的社会习俗观念在宗教思想中的反映，又通过宗教的阐释来固化这一观念。

---

① 《十诵律》卷二十一，CBETA，T23，no.1435，p. 0153b18。

　　提到佛教对黄门的看法就不得不提到同性恋是否属于黄门的问题。佛教广律中确有一些同性恋行为的例子或暗示，但如果回到古代印度社会的语境，用时人的观念来看待黄门的现象，那么在此讨论黄门是否包括同性恋这个疑问本身就存在问题。同性恋作为一种本质主义的身份，是19世纪西方精神病学的"发明"，是现代医学权力扩张的后果之一。大部分古代文化对同性恋的看法和现代社会病理化后的同性恋观念颇为不同。佛教律典中从未明确提出或暗示现代意义上的同性恋者不能加入僧团，因为当时并没有同性恋这种固化身份的概念，且一般男性也是有可能参与到同性性行为中的。修行的重点在于持戒，即断绝性行为，不论对象是男是女是非男非女或自慰。

　　最后，佛教中的饮食禁忌似乎表面上与性的欲望无关，但之所以放在一起考察除了中国"食色性也"的传统观念，其背后也有潜在的逻辑关系。《成实论》认为，从贪食到众生生起一切苦，淫欲是此逻辑链条中的一个关键环节，因为贪食而生淫欲，由淫欲而生其余的一切烦恼。在这个佛教版的"创世纪"中，人类堕落的原因是贪食地上的美味，和《圣经》中偷吃禁果而堕落的人类有异曲同工之处。相比世界上其他主流宗教，特别是西方的一神教，佛教关于饮食的禁忌较少带有宗教神圣性的色彩，与其说它是一些强制性规定，不如将其视为生活与修行的指导方针。

　　总的而言，佛教的戒律并非为戒而戒，戒定慧三学中，戒是基础，犹如攀登智慧堂阁的阶梯，唯有如法持戒，即依凭戒之梯隥，按次第不断攀升，才能最终登入象征圆满般若智慧的"慧堂正法阁"。以戒律为基础而延伸出的佛教禁忌，其初始目的多是为了促进宗教的修行，这是我们在考察佛教禁忌时不可忽视的。

参考文献

一、佛教三藏典籍

三藏典籍主要依靠《中华电子佛典协会》（Chinese Buddhist Electronic Text Association，简称CBETA）电子佛典，2014年版。

1.《阿閦佛国经》

2.《阿含经》（汉传四部、南传《长部》《中部》《相应部》《增支部》）

3.《阿弥陀经》

4.《阿毗达磨大毗婆沙论》

5.《阿毗达磨俱舍论》

6.《禅秘要法经》

7.《成实论》

8.《大爱道比丘尼经》

9.《大般涅槃经》

10.《大般若波罗蜜多经》

11.《大宝积经》

12.《大法鼓经》

13.《大佛顶如来密因修证了义诸菩萨万行首楞严经》

14.《大毗卢遮那成佛神变加持经》

15.《大智度论》

16.《岛王统史》

17.《道行般若经》

18.《翻译名义集》

19.《梵网经》

20.《佛说宝如来三昧经》

21.《佛说超日明三昧经》

22.《佛说大乘造像功德经》

23.《佛说大方广善巧方便经》

24.《佛说骂意经》

25.《佛说优婆塞五戒相经》

26.《佛说罪业应报教化地狱经》

27.《根本萨婆多部律摄》

28.《根本说一切有部毗奈耶》

29.《观无量寿经》

30.《光赞经》

31.《解脱道论》

32.《金光明经》

33.《妙法莲华经》

34.《摩诃僧祇律》

35.《毗奈耶》

36.《毗尼母经》

37.《萨婆多毗尼毗婆沙》

38.《善见律毗婆沙》

39.《舍利弗阿毗昙论》

40.《舍利弗问经》

41.《施设论》

42.《十诵律》

43.《十住毗婆沙论》

44.《四分比丘戒本疏》

45.《四分律》

46.《四分律行事钞资持记》

47.《四分律删补随机羯磨疏济缘记》

48.《四分律删繁补阙行事钞》

49.《铜鍱律》

50.《陀罗尼集经》

51.《维摩诘所说经》

52.《无极宝三昧经》

53.《无量寿经》

54.《五分律》

55.《优婆离问佛经》

56.《优婆塞戒经》

57.《瑜伽师地论》

58.《正法念处经》

59.《中论》

60.《坐禅三昧经》

二、中文文献

1.［法］米歇尔·福柯:《性经验史》,佘碧平译,上海:上海人民出版社,2002。

2.［日］木村贤泰:《原始佛教思想论》,贵阳:贵州大学出版社2013年。

3.［日］平川彰:《印度佛教史》,贵阳:贵州大学出版社2013年。

4.［英］渥德尔:《印度佛教史》,贵阳:贵州大学出版社2013年。

5.［英］J.G.弗雷泽:《金枝》,汪培基译,北京:商务印书馆2013年版。

6.［法］爱弥尔·涂尔干:《宗教生活的基本形式》,渠东、汲喆译,上海:上海人民出版社2006年版。

7.杜继文：《佛教史》，南京：江苏人民出版社2008年。

8.［美］葛尔·罗宾：《关于性的思考：性政治学激进理论的笔记》，载《酷儿理论：西方90年代性思潮》，李银河译，北京：时事出版社2000年。

9.［英］杰佛瑞·威克斯：《20世纪的性理论和性观念》，宋文伟、侯萍译，南京：江苏人民出版社2002年。

10.劳政武：《佛教戒律学》，北京：宗教文化出版社1999年版。

11.李银河：《女性主义》，济南：山东人民出版社2005年。

12.李玉珍：〈比丘尼研究：佛教与性别研究的交涉〉，《法光杂志》2002年1月，第148期。

13.李玉珍：〈佛教的女性，女性的佛教：比较近二十年来中英文的佛教妇女研究〉，"人间佛教与当代对话：第三届印顺导师思想之理论与实践学术研讨会"，台湾大学文学院佛学研究中心，2003年台北市。

14.吕澂：《印度佛学源流略讲》，上海：上海人民出版社2005年。

15.圣严法师：《戒律学纲要》，北京：宗教文化出版社2006年版。

16.释惠敏：《戒律与禅法》，台北：大乘文化出版社2003年版。

17.释印顺：《初期大乘佛教之起源与开展》，北京：中华书局2011年版。

18.释印顺：《戒律学论集》，北京：中华书局2010年版。

19.释印顺：《印度佛教思想史》，北京：中华书局2010年。

20.释印顺：《原始佛教圣典之集成》，北京：中华书局2011年版。

21.释永明：《佛教的女性观》，高雄：佛光出版社，1990年版。

22.严耀中：《佛教戒律与中国社会》，上海：上海古籍出版社2007年版。

23.杨曾文：〈佛教戒律和唐代的律宗〉，《中国文化》1990年第3期。

24.杨惠南：〈"黄门"或"不能男"在律典中的种种问题〉，《佛学研究中心学报》（中国台湾）2002年第7期。

25.杨孝容：〈略论佛教女性观及其与社会历史的共相嬗变〉，《求索》2003年第6期。

26.姚卫群：《印度宗教哲学概论》，北京：北京大学出版社2006年。

27.张文学：《中国大陆佛教女性研究述评》，《妇女研究论丛》2009年第6期。

三、外文文献

1.Bernard Faure（1998）. *The Red Thread: Buddhist Approaches to Sexuality*. Princeton: Princeton University Press.

2.Bernard Faure（2000）. *Unmasking Buddhism*. Malden:

Wiley–Blackwell, p. 103.

3.Bernard Faure（2003）. *The Power of Denial: Buddhism, Purity, and Gender*. Princeton: Princeton University Press.

4.Damchö Diana Finnegan（2009）. *For the Sake of Women, too: Ethics and Gender in the Narratives of the MŪLASARVĀSTIVĀDA VINAYA*. PhD Dissertation, University of Wisconsin–Madison.

5.Dharmacari Jñaanavira（2004）. "A Mirror for Women? Reflections of the Feminine in Japanese Buddhism". *Western Buddhist Review*, Vol 4. 2016/3/26, http://www.westernbuddhistreview. com/vol4/index.html

6.Diana Y. Paul（1979）. *Women in Buddhism: Images of the Feminine in Mahāyāna Tradition*. Berkeley: Asian Humanities Press.

7.John Clifford Holt（1981）. *Discipline, the Canonical Buddhism of the Vinayapiṭaka*. Delhi: Motilal Banarsidass.

8.John Powers（2009）. *A Bull of a Man: Images of Masculinity, Sex and the Body in Indian Buddhism*. Cambridge: Harvard University Press.

9.Kate Crosby：〈上座部佛教的性别化符号——被忽略的正面女性表述〉,《玄奘佛学研究》第9期，2008年3月。

10.Mary Douglas（1966）. *Purity and Danger: An Analysis of*

Concepts of Pollution and Taboo. New York: Frederich A. Praeger.

11.Miranda Shaw（1994）. *Passionate Enlightenment: Women in Tantric Buddhism*. Princeton: Princeton University Press.

12.Pascale Engelmajer（2015）. *Women in Pāli Buddhism: Walking the Spiritual Paths in Mutual Dependence*. New York: Routledge.

13.Peter Harvey（2000）. *An Introduction to Buddhist Ethics: Foundations, Values and Issues*. New York: Cambridge University Press.

14.Rita M. Gross（1993）. *Buddhism after Patriarchy: A Feminist History, Analysis, and Reconstruction of Buddhism*. Albany: State University of New York Press.

15.Shayne Clarke（2009）. "Monks Who Have Sex: Pārājika Penance in Indian Buddhist Monasticisms", *Journal of Indian Philosophy*. 37: pp.1–43.

16.Sigmund Freud（1919）. *Totem and Taboo*. New York: Moffat.

17.平川彰：《律藏的研究》，东京：春秋社2000年。